MAMÁ ENOJADA
NIÑOS ENOJADOS

Estrategias de manejo de la ira para dejar de gritar, mantener la calma y convertirse en una familia armoniosa.

Carrie Khang

© **Copyright Carrie Khang 2023 – Todos los derechos reservados.**

El contenido de este libro no puede ser reproducido, duplicado o transmitido sin la autorización directa por escrito de la autora o el editor.

En ninguna circunstancia se podrá culpar o responsabilizar legalmente a la editorial o la autora por cualquier daño, compensación o pérdida monetaria debida a la información contenida en este libro, ya sea directa o indirectamente. El lector es responsable de sus propias elecciones y acciones.

Aviso legal:

Este libro está protegido por derechos de autor. Es solo para uso personal. No se permite modificar, distribuir, vender, utilizar, citar o parafrasear ninguna parte del contenido de este libro sin el consentimiento de la autora o el editor.

Exención de responsabilidad:

Téngase en cuenta que la información contenida en este libro solo tiene fines educativos y de entretenimiento. Se ha hecho todo lo posible por presentar datos exactos, actualizados, fiables y completos. No se declaran ni se implican garantías de ningún tipo. Los lectores reconocen que la autora no ofrece asesoramiento legal, financiero, médico o profesional. El contenido de este libro procede de diversas fuentes. Ha de consultarse a un profesional antes de intentar aplicar cualquier técnica descrita en este libro.

Al leer este documento, el lector acepta que, en ninguna circunstancia, la autora se considerará responsable de cualquier pérdida, directa o indirecta, en la que se incurra como resultado del uso de la información aquí contenida, como por ejemplo errores, omisiones o inexactitudes.

Antes de comenzar, ¡recoge tu REGALO GRATIS!

Ser padre o madre es uno de los viajes más significativos y desafiantes que vivirás. Por eso he creado algo especial para acompañarte más allá de este libro.

Como agradecimiento por tu compra, me encantaría regalarte una colección de recursos extra útiles, totalmente gratis. Solo escanea el código a continuación para empezar.

Descubre más en:
👉 https://carriekhang.com

OTROS LIBROS DE CARRIE KHANG:

ÍNDICE

Introducción viii

PARTE 1 SOY UNA MADRE ENOJADA

Capítulo 1: La Ira Parental 16
Mentiras dañinas sobre la crianza... 18
¿Por qué te enojas más que otras madres?............................ 23

Capítulo 2: Los Detonantes Producto De La Crianza 26
¿Todos tenemos detonantes?.. 27
Los 7 detonantes más habituales de la crianza..................... 30
Elige tus batallas... 32

Capítulo 3: ¿Por Qué Te Enojas Con Tus Hijos?............... 35
Comprendiendo las luchas de poder 36
7 indicadores de que eres una madre enojada...................... 39

PARTE 2 ¿QUIÉN TIENE EL PROBLEMA, TÚ O TU HIJO?

Capítulo 4: El Enojo De Los Niños.................................. 47
¿Por qué se portan mal los niños?.. 48
7 motivos por los cuales los niños se portan mal.................. 49
Todo comportamiento es comunicación............................... 54

Capítulo 5: ¿Empeoras Más Las Cosas? 57
Te cuesta interpretar correctamente las señales................... 58
Mi hijo solo me escucha cuando grito................................... 60
Así es como hieres a tu hijo.. 64

Capítulo 6: Las Consecuencias De Tener Madres Enojadas 68
Tu hijo refleja tu enojo 69
¿Qué pasa cuando eres una madre enojada? 73

PARTE 3 ESTRATEGIAS DE CRIANZA QUE DAN RESULTADO

Capítulo 7: Cómo Lograr Que Tus Hijos Te Escuchen Sin Gritar 81
    Cómo dejar de gritarle a tu hijo 82
    Lista sencilla de consejos para no gritar 87

Capítulo 8: Métodos De Crianza Que Funcionan 92
    Lo que no funciona 93
    Lo que funciona 97

Capítulo 9: Cómo Mantener La Calma Cuando Tu Hijo Te Desafía
.... 105
    7 consejos útiles para mantener la calma 106
    Cómo aprender a ser una madre serena 112

Capítulo 10: Estrategias Para Controlar La Ira En El Día A Día 116

PARTE 4 ADIÓS A SER UNA MADRE ENOJADA

Capítulo 11: Lista De Pasos Para Ser Madres Menos Enojadas . 135
    Pero ¿qué es el autocuidado? 136
    Lista de pasos para un autocuidado excelente 139

Capítulo 12: Rutina Para Madres Menos Enojadas 145
    Rutina matutina 146
    Rutina para acostarse 151
    Frases célebres para madres en momentos difíciles 152

Conclusión 156

Deja Una Reseña .... **Error! Bookmark not defined.**

Referencias 160

INTRODUCCIÓN

"No existe el padre perfecto. Así que simplemente sé uno auténtico". — Sue Atkins

¡Sí! ¡Voy a tener un bebé!

Estaba tan emocionada, salté de alegría al ver aparecer dos líneas en el test de embarazo. *Esto es lo que siempre he querido*, pensé. *Tendré un bebé dentro de unos meses.*

Empecé a fantasear con las maravillosas experiencias que viviría con mi hijo. Pasearíamos por el parque, tomados de la mano, conversando. Soñaba con hacer las compras y elegir nuestras frutas y verduras favoritas. Mi hijo y yo disfrutaríamos de la puesta de sol en un picnic por la tarde. Por supuesto, sabía que no siempre sería un camino fácil; habría conflictos y mucho trabajo duro. No creía que fuera más de lo que podría manejar.

Años después, sin embargo, tengo que admitirlo: no soy la madre que pensaba que sería. Criar a un hijo es más complicado de lo que había imaginado. Cada día siento que fracaso. Aunque he tenido algunas victorias, la mayoría de las veces fallo.

Puede que no quieras admitirlo o decirlo en voz alta, pero la crianza es **dura**. Unos meses después de tener a mi hijo, tenía miedo de que alguien se enterara que no estaba encantada. No quería que nadie me viera como era, lejos de ser la madre perfecta que se suponía que debía ser. Ahora, viendo los muchos obstáculos que pude superar, me alegro de poder contar por fin mi historia. Te mostraré cómo llegué a ser una madre armoniosa después de haber sido una madre enojada durante muchos años.

Piensa en la crianza de esta manera. ¿Tienes actualmente un perro o un gato? ¿Recuerdas el primer día que llegó a casa? Supongo que no tenías experiencia en el cuidado de mascotas, pero esa falta de experiencia no te impidió tener una mascota. La razón es sencilla.

Aunque no tenías experiencia profesional, sabías que había numerosos libros de autoayuda y blogs en línea donde podías buscar ayuda. A través de estos recursos, sabías que podías obtener información útil y consejos sobre cómo cuidar de tu mascota.

Es fácil comprar un libro titulado, por ejemplo, "Cómo adiestrar a tu perro/gato", y convertirte rápidamente en un experto adiestrador de mascotas. A veces, en tan solo un mes, empiezas a comprender el lenguaje corporal de tu perro o gato. Por ejemplo, quizá aprendas que tu perro gimotea cuando tiene hambre o siente peligro. Este conocimiento te ayuda a empezar a comunicarte con él, y probablemente te haga sentir que ya lo sabes todo.

Pero esto solamente funciona con las mascotas.

Quiero que sepas que el caso es bastante distinto cuando se trata de tu hijo. No estás criando a un gato o a un perro, sino a un pequeño y hermoso ser humano. No tienes experiencia en este tipo de asuntos. No has recibido ninguna educación formal acerca del tema, ni has criado a un niño antes. ¿Cómo puedes afrontarlo? ¿Cómo puedes recorrer este camino y tener una relación armoniosa con tu hijo?

No pretendo asustarte, pero quiero insistir en que necesitas saber la verdad antes de embarcarte en este viaje. Busca soluciones a tus preguntas sobre la crianza *antes de* necesitar resolverlas. Al fin y al cabo,

¿no te parece que la idea de ser madre o padre ya suena lo suficientemente aterradora?

¿Crees que puedes criar a tu hijo solo con amor? Por supuesto que sí. Sin embargo, dudo que el amor sea suficiente para cualquier niño. Aunque el amor es una parte esencial de la crianza, tienes que prepararte para este difícil viaje teniendo un "mapa" que te ayude a navegar por el turbulento mar de la crianza de los hijos.

¿Por qué escribí este libro?

He escrito este libro porque he pasado por lo mismo.

He sido empujada al punto de no retorno, me han llevado más allá de mi límite. He perdido el control de mi ira muchas veces. Estos percances han hecho que temiese criar a un ser humano lleno de ira.

No te preocupes. Siento tu frustración y tu decepción. Afortunadamente, la esperanza no está perdida. Todos podemos aprender de nuestros errores y enmendarlos.

Al leer este libro, ya estás mostrando signos de mejoría. Te has dado cuenta que vas por camino equivocado. Sabes que necesitas ayuda para ser una mejor madre o un mejor padre. ¡Eso ya es genial! Debo felicitarte por haber dado este valiente paso.

En este libro, te mostraré cómo ser una "madre serena". Recorreremos los caminos para identificar qué te convierte en una madre enojada y cómo puedes enojarte menos. Al final de este libro, tendrás las herramientas necesarias para pensar, sentir, actuar y afrontar los problemas comunes de la crianza de los hijos.

¿Cómo sé que leer este libro te ayudará?

Lo sé porque una vez fui como tú, cuando aún no había encontrado mi vía de escape. Era una madre con un trabajo de ocho horas. Sin el apoyo de mi familia. Debido a mi trabajo, tuve que enviar a mi hijo a una guardería cuando tenía ocho meses.

La situación era manejable hasta que mi hijo empezó a caminar y a hablar. Dejó de ser un bebé y llegó a la edad infantil. Cuando lo recogía de la guardería, se negaba a dormir o a comer y hacía berrinches en casa. Para entonces, mi marido y yo, ya estábamos agotados por el trabajo, habíamos tenido un largo día.

Estábamos cansados, teníamos sueño. Bastaba un pequeño detonante y pronto mis emociones estaban por todas partes. ¿Qué hice? Empecé a gritar, a desahogarme y a tener ataques de ansiedad. La experiencia fue un infierno para mí.

Me deprimí. Me sentía perdida y rota, e incluso empecé a arrepentirme de mi decisión de traer un hijo a este mundo. Odiaba mi vida y no quería seguir viviendo así. Sabía que necesitaba paz para poder ser feliz y pasar buenos momentos con mi pequeño.

Por supuesto, también hubo momentos felices durante ese tiempo, pero los malos los opacaron. Así que, aunque estaba agradecida por tener a mi hijo, quería más para nosotros. Quería ser mejor madre y que mi hijo actuara de acuerdo con las normas que había establecido. Este reconocimiento me impulsó a buscar soluciones.

Investigué y leí muchos libros sobre crianza. Al principio no fue fácil porque recurrí al método de ensayo y error. En otras palabras, aplicaba lo que aprendía a mi vida diaria con mi hijo para ver qué funcionaba para nosotros y qué no.

En los 13 años que llevo con mi hijo, he aprendido mucho en cada etapa de su crecimiento. Me apasiona compartir lo que he aprendido.

Si yo pude convertirme en una madre serena después de haber pasado por una experiencia infernal, ¡tú también puedes hacerlo! Ojalá hubiera conocido los consejos que comparto en este libro antes de que naciera mi hijo. Aquellos primeros años habrían sido una experiencia hermosa.

Sé que eres una persona increíble. Aunque la crianza de los hijos es algo muy importante que puede suponer un reto, **tú puedes hacerlo**. Con la información adecuada y los recursos disponibles en este libro, la crianza será un camino mucho más fácil.

Recuerda que estás criando a un pequeño y adorable ser humano, y que el esfuerzo valdrá la pena. Te lo garantizo.

Entonces, ¿quieres empezar este viaje conmigo? Creo (¿espero?) haber recibido un rotundo SÍ de tu parte.

Abróchate el cinturón y ¡Vamos!

PARTE 1

SOY UNA MADRE ENOJADA

CAPÍTULO 1

LA IRA PARENTAL

"Aferrarse a la ira es como agarrar un carbón caliente con la intención de lanzárselo a alguien; serás tú quien se queme"
— Buda

Era lunes por la mañana y apenas había descansado durante el fin de semana. Tenía prisa, debía llegar pronto al trabajo; mi jefe estaba cansado de tolerar mis frecuentes retrasos. Mientras preparaba el desayuno en la cocina, sentía que corría una carrera contra el tiempo.

De repente, escuché un fuerte llanto que resonó por toda la casa. Corrí a la habitación de mi hijo y lo vi en el suelo con ropa tirada por todas partes.

"¿Estás bien?", le pregunté.

Respondió irritado: "¡No quiero esta ropa!".

No pude evitar emitir un gruñido. Era la *tercera* vez que se quejaba de su atuendo. Tratando de calmarme lo más posible, le sugerí otro conjunto de ropa.

Él seguía negando con la cabeza, rechazando todas mis sugerencias. Cuando elegí el quinto conjunto, volvió a tirarse al suelo.

Este niño al que le estaba preparando el desayuno, este niño al que estaba ayudando a alistarse para llevarlo a la guardería. Era un niño por el que sacrificaba casi todo mi tiempo, sin embargo, ¡se comportaba así!

Los pensamientos seguían surgiendo en mi mente. Inmediatamente, sentí un calor furioso subiendo por mi pecho. Mis manos empezaron a temblar, mi cara se puso roja y mi corazón latió con fuerza. Tiré la ropa al suelo. Me enfurecí y grité.

¿Qué acabas de decir? ¡Te voy a dar una paliza si no te pones esta ropa ahora mismo!

Mi hijo seguía sin hacer caso. Tuve que obligarlo con agresividad a ponerse la ropa e ignoré sus lágrimas cuando empezó a llorar.

Todavía furiosa, lo dejé en la guardería. Más tarde, ya tranquila en el trabajo, me arrepentí de mis actos. Debo confesar que aquella mañana no fue mi mejor momento.

No suelo enojarme. Sin embargo, desde que me convertí madre, experimenté más momentos de ira de los que me atrevo a reconocer.

Si hubiera sabido la mitad de lo que sé ahora, las cosas habrían sido diferentes. Afortunadamente, tú ya estás transitando el viaje que transformará tu vida.

Empecemos por reconocer que la ira es una emoción humana natural. Aunque a veces la ira puede ser algo bueno, es decir, cuando te da energía para hacer algo, también puede tener efectos negativos. A continuación, veremos por qué te enojas y por qué sientes que te enojas más que las demás.

Mentiras dañinas sobre la crianza

Tener un hijo puede cambiar tu vida drásticamente. Al ver crecer a tu hijo, puede que empieces a preguntarte qué es la crianza. En su definición más básica, criar a un hijo significa ser la madre o el padre de un niño.

Sin embargo, el acto de criar es mucho más que eso.

¿Qué es ser madre o padre? ¿Qué significa para ti?

Reconocer lo que significa para ti ser madre o padre te ayuda a crear una definición del concepto que sea importante para ti. Esta definición te apoyará y te guiará en la montaña rusa que es la crianza.

Reconozcámoslo. La crianza puede ser confusa, complicada, amplia, diversa, conflictiva, difícil y agotadora. Algunos de nosotros estamos mejor preparados para encarar este trabajo tan exigente, pero a otros nos cuesta sobrellevarlo. La mayoría de los padres recurren a lo que saben intuitivamente. También confían en los consejos de los demás. Toda esta información se combina para conformar sus creencias básicas sobre cómo debe ser la crianza.

Estas creencias determinan tu forma de actuar, y albergar creencias erróneas puede llevar a cometer errores. Por ejemplo, algunas personas buenas pueden resultar malas como madres debido a algunas creencias perjudiciales que les inculcaron. Por lo tanto, es importante saber que **no todos los consejos sobre crianza son útiles.**

Es conveniente hacer caso omiso de los siguientes mitos:

Mito 1: La crianza consiste en corregir a tu hijo.

Antes tenía una idea equivocada sobre lo que era la crianza. Pensaba que la crianza consistía en incitar a los niños a actuar de determinadas maneras. Concretamente, las maneras que a *mí* me parecían correctas. Creía que una vez que "corrigiera" lo que estaba mal en mi hijo, cambiando su comportamiento, todo lo demás sería fácil.

¡Pero no era así!

Por supuesto, queremos que nuestros hijos controlen sus emociones por una buena razón. Ninguna madre quiere tener que aguantar que su hijo se ponga inquieto o haga un berrinche cada vez que no se sale con la suya.

Supongamos que le insistes a tu hijo que ordene su cuarto después de jugar, pero nunca te hace caso. Lo haces porque es probable que pienses que debes *corregir* esa actitud para que no se convierta en un adulto desorganizado e irresponsable.

Otro ejemplo es cuando te empeñas en que tu hijo utilice la mano derecha para comer y escribir. Puede que lo hagas porque sabes que algunas culturas consideran incorrecto utilizar la mano izquierda para hacer estas cosas. Es posible que sientas la necesidad de corregir a tu hijo, pensando que lo haces por su propio bien.

A lo largo de los años, me he dado cuenta de que la crianza tiene que ver en gran medida con *la madre o el padre* (tú) y no solo con el niño.

Mito 2: La crianza consiste en educar a un niño "bueno".

¿Cuál es tu definición de "bueno"?

¿Consideras que tu hijo es "bueno" si es obediente, presta atención, tiene autocontrol y saca buenas notas? También podrías suponer que un niño "bueno" es uno que te deja dormir toda la noche sin preocupaciones. No hace berrinches cuando no obtiene lo que quiere. Ningún profesor te llama para avisarte que se metió en líos. Los llamados "niños buenos" sacan buenas notas en la escuela y no entran en vicios como las drogas. En general, la crianza de estos niños se considera fácil.

Sin embargo, esta forma de pensar es problemática. Cuando nuestros hijos no cumplen con las expectativas específicas con las que asociamos a los niños "buenos", entonces tendemos a etiquetar sus acciones como "malas".

En lugar de preocuparnos por etiquetar a nuestros hijos, deberíamos centrarnos en analizar por qué nos molesta y enfurece su comportamiento.

Mito 3: La crianza consiste en hacer que nuestros hijos destaquen.

La crianza no consiste en obligar a nuestros hijos a sacar las mejores notas o ser los mejores de un grupo. Por el contrario, debemos esforzarnos por apoyar siempre a nuestros hijos y ayudarlos a desarrollar su potencial. Pero a menudo olvidamos lo que significa la palabra "potencial".

Al considerar su potencial, ¿intentamos convencerlos de que logren algo que aún no les corresponde? Por ejemplo, ¿intentamos que estudien matemática antes de que empiece el semestre con el único propósito de que saquen mejores notas?

Me he dado cuenta de que ser madre no consiste en asegurarme de que mi hijo obtenga notas altas o rinda más que sus compañeros de grupo. Hacerlo significa que a menudo nos olvidamos de las increíbles cualidades que ya poseen nuestros hijos, por pensar constantemente en lo que podría depararles el futuro.

Mito 4: La crianza consiste en tener un niño feliz.

¿Qué es lo que más quieres para tu hijo? Supongo que piensas en su felicidad. Por supuesto, las madres quieren que sus hijos sean felices la mayor parte de su vida. No hay ningún problema en desearlo. Sin embargo, se convierte en un problema cuando asumimos que la felicidad es algo que nuestro hijo necesita tener sí o sí en todo momento.

Sí, puede ser duro ver cómo nuestro hijo se siente triste o desilusionado por algo que no podemos controlar. Queremos hacerlos felices rápidamente proporcionándoles alivio a corto plazo. A veces, este alivio a corto plazo consiste en pasar más tiempo frente a la pantalla viendo sus dibujos animados favoritos. Otras veces, puedes comprarles un regalo caro o incluso permitirles jugar a videojuegos que normalmente no podrían jugar.

He aprendido que la crianza no consiste únicamente en hacer felices a nuestros hijos. Ni mucho menos. No debemos protegerlos siempre de las decepciones de la vida. Por el contrario, debemos enseñarles a navegar con éxito sobre las olas de la decepción.

Desafortunadamente, la vida está llena de estas desgracias, y es inútil hacer de cuenta que siempre podremos evitarlas.

Mito 5: La crianza consiste en controlar a tu hijo.

¿Consideras que tus mejores días de crianza son aquellos en los que puedes "hacer" que tus hijos se comporten bien? Tal vez pienses que un buen día de crianza es cuando no cuestionan tu rutina y escuchan todo lo que les dices.

Para ti, una mala crianza puede ser todo lo contrario. Puede que pienses que eres una mala madre o un mal padre si tu hijo te desafía y desafía tu autoridad. Los días en que pone a prueba tu paciencia, se queja o hace berrinches, es probable que te enojes por su comportamiento. ¿Por qué?

Porque dejas de tener el control.

Pero ¿por qué te importa tanto tener el control? ¿De dónde viene esa necesidad de tener un control total? ¿Por qué lo deseas tanto?

Muchas madres sienten que necesitan tener el control para guiar a sus hijos en la dirección correcta. No quieren que sus hijos tomen malas decisiones o vayan en contra de los valores que se han esforzado en inculcarles.

También vemos a nuestros hijos como un producto de la crianza. Por ejemplo, si nosotras estamos acostumbradas a comer ciertos alimentos, nuestros hijos también deberían hacerlo. Queremos moldearlos a nuestro gusto, olvidando que no siempre podremos controlarlos.

Recuerda que no es bueno obsesionarse con tenerlos bajo control.

¿Por qué te enojas más que otras madres?

Si te paras a reflexionar un rato, te darás cuenta de que probablemente estás tratando a tu hijo de la misma manera que tus padres te trataban a ti cuando eras niño. Por ejemplo, mi madre solía decirme "eso lo heredaste de tu padre" cada vez que sacaba malas notas en el colegio o cuando hacía algo mal en casa.

No me gustaba oír esa frase. De hecho, odiaba oírla una y otra vez. Sin embargo, me chocó darme cuenta de que le decía exactamente lo mismo a mi hijo cuando él hacía algo parecido. *"¡Santo cielo! ¿Me estoy convirtiendo poco a poco en mi madre?"*, me pregunté. ¡La idea me aterrorizaba!

Las raíces de nuestra tendencia a irritarnos se remontan a nuestros primeros años. Muchas de nosotras llegamos al mundo de la crianza con nuestras propias heridas de la infancia que aún no han cicatrizado. Es importante reconocer hasta qué punto nos influyeron nuestras experiencias infantiles. También es crucial entender por qué todos respondemos de forma diferente y cómo esas respuestas afectan a nuestro enfoque actual de la crianza.

Un proverbio birmano dice: *"Los padres son los primeros maestros de los hijos"*. Esta línea de pensamiento es cierta. Las cosas que hicieron tus padres, las cosas que te dijeron y cómo se relacionaron y reaccionaron contigo, sientan las bases de tu comportamiento, tus creencias, tu actitud y tu estilo de crianza.

Estas características se transmitieron sobre todo a través de las interacciones cotidianas con tus padres. Inconscientemente, sintonizabas con los mensajes que te enviaban. Esta absorción de sus mensajes influyó en cómo te ves a ti mismo y al mundo que te rodea.

A veces, los padres recrean intencionadamente experiencias de su infancia con su propio hijo. Por ejemplo, puede que te guste llevar a tu hijo a pasear en bici por el parque porque tú lo hacías con tus padres cuando eras más pequeño.

Por otro lado, algunos padres intentan intencionadamente hacer lo contrario de lo que hicieron sus padres. Por ejemplo, un papá puede decidir no hacer nunca que su hijo coma ciertos alimentos porque sus propios padres lo obligaron a comer esa comida contra su voluntad. Del mismo modo, una mamá puede decidir demostrarle afecto a su hijo e incluso volverse excesivamente cariñosa porque nunca recibió afecto de sus padres.

Muchas veces, puedes dejar que tu ira se apodere de ti al recorrer el carril de los recuerdos. Tu reacción ante una situación con tu hijo puede provenir de tus propias experiencias, creencias y valores de la infancia. Es muy probable que ni siquiera seas consciente de cuándo ocurre esto.

Afortunadamente, es posible volverse más consciente de estas reacciones. En primer lugar, deberás tener en cuenta tus propias experiencias infantiles.

Hazte las siguientes preguntas:

- ¿Cómo han influido tus padres en ti? ¿De forma positiva o negativa?

- ¿Cómo se expresaba la ira en tu familia mientras crecías?

- ¿Cómo expresaba tu padre/madre la ira?

- ¿Qué ocurría durante tu infancia cuando tenías la edad que tu hijo tiene ahora?

- ¿Actúas o suenas como tus padres de una forma de la que no te sientes orgulloso?

- ¿Estás proyectando tus experiencias infantiles en tu hijo?

- ¿Tus padres te han educado de una manera que no quieres que se perpetúe con tu hijo?

Al reflexionar sobre estas preguntas, es probable que se te despierten sentimientos fuertes. Considera la posibilidad de hablar de estas emociones con tu pareja, un amigo de confianza o incluso un profesional. Hacer una reevaluación tu infancia puede ayudarte a desentrañar tu pasado y a ser mejor madre.

CAPÍTULO 2

LOS DETONANTES PRODUCTO DE LA CRIANZA

"No hagas nada mientras estás enojado, porque lo harás todo mal".
— Baltasar Gracian

"¡Ay, no! Juré que no volvería a gritarle a mi hijo. ¿Por qué he faltado a mi palabra una vez más?".

Siendo madre, definitivamente sabes cuándo se avecina una tormenta emocional. Lo sientes en el cuerpo. Tu sangre empieza a hervir y no puedes hacer nada para detener la rabia que te invade. Cuando llega la tormenta, pierdes el control. Empiezas a gritar con todas tus fuerzas, intentando controlar a tus hijos.

Acababa de limpiar la cocina y me apresuraba a bañar a mi hijo antes de acostarlo. Al entrar en su habitación, lo vi jugando en su iPad. Le pedí que parara, pero no me hizo caso. Tuve que arrancarle el aparato de la mano. Por desgracia, el iPad se cayó y la pantalla se rompió. Inmediatamente, sentí que se avecinaba la tormenta. Me llené de rabia y sentí que estaba a punto de explotar. Y entonces supe lo que había pasado. Había experimentado un detonante.

¿Todos tenemos detonantes?

Por supuesto, todos tenemos detonantes, independientemente de si son grandes o pequeños. Los detonantes son elementos de una experiencia que provocan reacciones emocionales. ¿Alguna vez has sentido que se te oprimía el pecho al escuchar a tu hijo hacer un comentario aparentemente sin importancia? Es posible que a los demás el comentario no les pareciera gran cosa, pero a ti sí. Ese comentario que "no fue para tanto" continúa afectándote durante el resto del día y te llena de rabia, ansiedad o vergüenza. Ese comentario ha sido un detonante.

Pero ¿por qué todos tenemos detonantes?

La respuesta es muy sencilla. Los detonantes son el resultado de sentimientos no resueltos. Tal vez, durante tu infancia, te resultó difícil hacer frente a ciertos sentimientos intensos. Cuanto más indefenso te sentías de niño, más vulnerable eras al trauma.

Algunos ejemplos de situaciones que suelen evidenciar traumas no resueltos son:

- Ser culpada o avergonzada

- Ser controlada

- Ser ignorada o abandonada por alguien

- El rechazo por parte de un ser querido

- Ver una mirada de desaprobación en tu hijo

- Sentirte impotente en situaciones difíciles

- Que tu hijo te juzgue

- Estar separada de un ser querido

Estos ejemplos deberían hacerte pensar en las posibles circunstancias que podrían provocarte una reacción intensa.

Señales de que te enfrentas a un detonante

La mayoría de las veces no somos conscientes de nuestros detonantes sino hasta después de una reacción irracional y exagerada. Entonces empezamos a darnos cuenta de que *algo* nos detonó. Algunos padres afirman no creer que el pasado haya quedado en el pasado. Lo dicen porque, cuando se enfrentan a un detonante, se sienten empujados hacia el pasado, como si revivieran la experiencia original.

Mientras mi hijo crecía, mi marido siempre decía que yo actuaba de forma exagerada ante el comportamiento de nuestro hijo. Yo hiervo de rabia cuando mi hijo me desafía, pero a mi marido no le importa que a él le haga lo mismo. Grito cuando mi hijo quiere dormir sin ponerse el pijama, pero a mi marido no le molesta.

Siempre me dice: *"No pasa nada. No es para tanto"*.

Somos padres del mismo niño, pero tenemos reacciones diferentes ante su comportamiento. Antes siempre me preguntaba por qué. Mi marido y yo provenimos de entornos familiares distintos, y la forma en que él fue educado fue muy diferente a lo que yo experimenté. Su infancia fue muy tranquila, lo que provoca que ahora, rara vez se enfade, a diferencia de mí. Yo crecí en una familia que se preocupaba por pequeñeces y en donde las acciones tenían rápidas consecuencias.

Las siguientes son formas de reconocer a los detonantes cuando se manifiestan:

- Si tu hijo te hace sentir muy triste y recuerdas haber tenido la misma experiencia en el pasado, esa puede ser la señal de un detonante.

- Si tu hijo hace o dice algo que te hace enojar al punto de tener que gritarle, ese podría ser un detonante.

- Si estás furiosa y tienes ganas de darle una palmada a tu hijo, es posible que estés experimentando un detonante.

¿Por qué debes reconocer tus factores detonantes?

Los traumas no resueltos del pasado pueden pasar de generación en generación y seguir afectando a la familia durante mucho tiempo si no se resuelven. Conocer tus detonantes puede ayudarte a aumentar tus posibilidades de responder positivamente a las emociones de tu hijo.

Si has identificado los detonantes emocionales que provocan respuestas irracionales y perjudiciales, puedes tomar medidas para resolver la situación. Solo cuando reconozcas tus detonantes podrás responder de forma proactiva y positiva.

Los 7 detonantes más habituales de la crianza

Si pierdes la calma más de lo que te gustaría, estos son los detonantes habituales que pueden estar detrás de tus acciones.

1. Llanto

El llanto constante de un niño puede hacer que las madres entren en pánico. Las lágrimas pueden provocar en ti emociones fuertes que te hagan sentir ansiosa, asustada, confusa, resentida y enojada. A muchos padres no se los apoyó ni se les escuchó con cariño cuando eran niños. Como madres, vemos el llanto en sí como el problema. En realidad, a menudo es la única forma que tiene el niño de comunicar sus necesidades. Sin embargo, esto puede provocarnos sentimientos de incomodidad.

2. Quejas

Las quejas insistentes también son un detonante habitual en la crianza. Pueden hacerte perder la paciencia, sobre todo cuando tu hijo no deja de hacerlo. Si un niño no acepta un NO por respuesta y sigue repitiendo el comportamiento no deseado, puede desencadenar ciertas emociones en ti. Por ejemplo, tu hijo puede querer más bocadillos, aunque ya le hayas dado uno. Cuando le dices que no, empieza a quejarse para que accedas a sus peticiones.

3. Falta de respeto

A algunos de nosotros nos faltaron al respeto de pequeños, y que nos falten el respeto nuestros propios hijos puede ser un detonante importante.

¿Alguna vez tu hijo te ha contestado de mala manera o ha imitado tus palabras tras un regaño? Quizá cuando le pides que lea un libro o haga los deberes en vez de ver la tele, pone los ojos en blanco. Tal vez se burla de ti respondiendo: *"¡Como sea!"*.

Es posible que sientas que te faltan el respeto cuando le hablas a un niño y él hace como si no te hubiera oído. Otras señales de falta de respeto pueden ser tan extremas como ignorar tus reglas llegando tarde a casa incluso cuando les pediste que no lo hicieran, decir cosas hirientes como llamarte "mala madre" o incluso mostrar agresión física.

4. Que te digan "te odio"

Oír la frase "te odio" en boca de cualquiera puede ser muy hiriente, sobre todo cuando proviene de tu propio hijo. Sin embargo, es su propia forma de comunicar que están enojados, confundidos, alterados o disgustados. No saben de qué otra forma comunicar la intensidad de sus sentimientos y recurren a esta frase.

Estas palabras pueden ser muy dolorosas para las madres cuando las escuchan de un hijo al que quieren tanto, detonando emociones intensas.

5. Ser agredida físicamente

Un detonante puede ser tan extremo como que tu hijo te haga daño físicamente. Tu hijo podría agredirte físicamente por accidente o porque quiere llamar tu atención. Como resultado, pierdes el control de tus emociones. Podría tirarte del pelo, darle una patada en el respaldo de tu asiento en el coche o tironearte la ropa. Por ejemplo, una vez mi hijo me dio un cabezazo y sangré mientras intentaba bañarlo. Inmediatamente, experimenté una respuesta emocional fulminante y empecé a gritarle.

6. Peleas entre hermanos

Las peleas entre hermanos también pueden constituir un gran detonante. Esta situación no ha sido un problema para mí porque solo tengo un hijo. Sin embargo, he visto cómo otras personas se angustiaban porque sus hijos se peleaban.

Cuando uno de tus hijos es grosero o agresivo con el otro, esa acción puede desencadenar una respuesta en ti. A menudo, no puedes evitar reaccionar. Esta reacción puede tener su origen en experiencias de la infancia en las que tu hermano se salía con la suya porque era mayor, y no quieres que tus hijos revivan esa experiencia. La ira que manifiestas es tu forma de intentar poner límites.

7. Derrames y accidentes

Este es otro detonante que puede causar problemas. Antes mencioné cómo le quité el iPad a mi hijo y la pantalla se rompió al caerse. Mis emociones eran tan abrumadoras que no podía controlarlas.

Los derrames y los accidentes pueden volver locas a muchas madres, sobre todo cuando ya están al límite. Muchas veces no tratamos estos episodios como un accidente. En cambio, reaccionamos inmediatamente, aunque luego nos arrepintamos.

Elige tus batallas

Corregir a los niños cada vez que se equivocan puede cansar rápidamente a cualquier madre. Solo son niños que intentan aprender cómo funciona el mundo, y es normal que cometan errores durante esta fase de aprendizaje.

Elegir las batallas significa ser selectiva con las discusiones, los problemas y los enfrentamientos en los que te involucras con tu hijo. En lugar de luchar contra todos estos problemas, deja que el niño gane a veces, pero "lucha para ganar" cuando llegue el momento de poner límites. No saber qué batallas elegir puede abrumarte y aumentar tu enojo.

Puedes elegir tus batallas siguiendo los siguientes lineamientos:

1. Déjalos ganar

Es posible que tengas que perder las batallas más pequeñas para ganar la guerra que tienes por delante. Reconoce las pequeñas batallas que puedes dejar pasar. Si sigues luchando todo el tiempo, tu hijo acabará por considerar tu comportamiento como un reproche constante.

Dejar ganar a un niño es también una forma de reconocer su independencia. Por ejemplo, es normal que los padres se preocupen por la alimentación de sus hijos. En lugar de imponerles siempre ciertas frutas y verduras porque temes que se desnutran, ¿por qué no les das varias opciones y los dejas elegir lo que les guste?

Yo no comía muchas verduras de pequeña (sobre todo zanahorias y espinacas. ¡Qué asco!), pero crecí saludable.

Mientras que algunos niños prefieren relajarse un poco antes de hacer los deberes, a otros les gusta hacerlos inmediatamente después del colegio. Deja que tu hijo decida cómo y cuándo quiere hacer los deberes, sobre todo si esto se traduce en resultados positivos.

2. Lucha para ganar

Aquí no hay lugar para los errores. Hay veces en que hay que imponer normas y asegurarse de que el niño las cumpla. En estos casos, es por su propio bien. Tienen que entender por qué has intervenido para manejar las cosas "como adultos".

Hay algunas cosas básicas que los niños deben saber y a las que deben prestar atención. Por ejemplo, deben saber que cepillarse los dientes dos veces al día previene las caries, y que acostarse temprano también es importante, porque dormir las horas adecuadas es necesario para gozar de buena salud.

Luchar para ganar también puede implicar crear una zona sin teléfono. Por ejemplo, el cuarto de baño, el comedor, el colegio y otros lugares que no requieran teléfono pueden ser zonas sin teléfono. Cuando estén en estas zonas, deben respetar esta norma y mantenerse alejados de sus teléfonos.

También es importante asignar tareas del hogar a los niños. Si tienen tareas pendientes, tendrás que ganar esta batalla. Ya sea hacer la cama, guardar la vajilla limpia o regar las plantas, debes dar prioridad a estas tareas. Tu hijo acabará disfrutando de la recompensa, aunque ese momento no llegue hasta la edad adulta.

Por último, cuando te resulte difícil hacer que se respeten las normas, recuerda las palabras de Margaret Thatcher: *"Es posible que tengas que librar una batalla más de una vez para ganarla"*.

En el próximo capítulo, profundizaremos en el análisis de la lucha de poder entre madres e hijos. Hablaremos de cómo esta pugna puede ser la causa de tu ira y cómo puedes eliminarla.

CAPÍTULO 3

¿POR QUÉ TE ENOJAS CON TUS HIJOS?

"Los niños que necesitan más amor lo pedirán de la forma menos cariñosa". — Anónimo

No estás sola si te has preguntado por qué siempre te enojas con tu hijo. Muchas mamás revelaron sentirse frustradas por gritar, chillar y tratar de controlar a sus hijos.

Tanto los niños como las madres sienten la necesidad de ejercer control. Un niño pequeño puede insistir en querer más helado en lugar de un bocadillo más saludable, o tu hijo adolescente puede no querer salir a cenar después de que se lo grites repetidamente. Por desgracia, tus gritos caerán en saco roto y, al final, lo interpretarás como una falta de respeto.

Todas queremos educar a nuestros hijos para que sean justos, comprensivos, amables y pacientes. Sabemos qué es lo mejor para ellos y queremos que nos escuchen y sigan nuestros consejos. Pero cuando no obtenemos la reacción que queremos de ellos, nos encontramos en una lucha de poder de padres contra hijos.

Este capítulo explica cómo se desarrollan estas luchas de poder y cómo puedes minimizarlas. Al final del capítulo, deberías ser capaz de identificar fácilmente las razones por las que te encuentras constantemente en estas luchas de poder con tus hijos.

Comprendiendo las luchas de poder

Las luchas de poder esencialmente son peleas. Una típica lucha de poder en la crianza es cuando tu hijo se niega a hacer algo y tú sigues insistiendo. No paras de decirle *"¡hazlo ya!"* o *"¡si no lo haces, habrá consecuencias!"* o *"¡te vas a arrepentir si no lo haces!"*.

Los continuos desacuerdos entre madres e hijos pueden convertirse en una batalla de voluntades. Imagina que dices "sí" y tu hijo dice "no". A medida que la discusión continúa, se hace cada vez más difícil conseguir que el niño obedezca. Mientras nos adentramos en el mudo de la crianza, sentimos que debemos poner fin a la lucha para recuperar el poder. Sin embargo, ¡esta es exactamente la razón de tu enojo!

En este tipo de batallas, a menudo sentimos que nuestro hijo desafía nuestro poder. Como resultado, ejercemos más poder para obligar a nuestro hijo a someterse. Desgraciadamente, cuanto más intentamos demostrar este poder, más probable es que nuestros hijos hagan berrinches o sigan diciéndonos que no.

Este ciclo aparentemente interminable puede ser muy frustrante y llevarnos a un punto de quiebre emocional. Por desgracia, en esta fase, a menudo olvidamos por qué estamos estableciendo un límite en primer lugar. En lugar de eso, nos quedamos absortos con la idea de quién está al mando.

Madres y padres por igual se encuentran en esta situación. Las luchas de poder forman parte de la vida de toda familia. En la crianza, nos enfrentamos continuamente al problema de conseguir que nuestros hijos hagan una cosa determinada y asegurarnos de que la hagan en un momento concreto.

Para superar esta dinámica, tendrás que combinar tus expectativas con la crianza y los deseos de tu hijo. Estos deseos pueden chocar a veces. Cuando eso ocurra, es probable que tanto tú como tu hijo se sientan en una situación en la que ambos pierden. Puedes sentir que no te comprenden o respetan incluso sentir impotencia o resentimiento. Y es probable que tu hijo acabe sintiéndose igual.

Quiero que dediques un minuto a evaluar la relación que tienes con tu hijo. ¿Con qué frecuencia se producen luchas de poder? Si surgen, ¿son graves o leves? ¿Se desatan muchas emociones en esos momentos? ¿Cómo se sienten tú y tu hijo después de una discusión?

Cuando entramos en una lucha de poder con nuestros hijos, solemos recordar los mantras de crianza que nos inculcaron en el pasado. Estas creencias inculcadas pueden ser: "Nunca permitas que un niño agarre la sartén por el mango". O: "No cedas. Eso le hará pensar que eres débil". O: "Si les das la mano, te agarraran el codo".

Cuando estos pensamientos resuenan en nuestra mente, también sentimos vergüenza y desaprobación. Podemos sentirnos como madres indisciplinadas que les permiten a sus hijos cometer errores tontos. Estos puntos de vista súper estrictos se están quedando poco a poco obsoletos. Mientras que nuestros padres y abuelos se esforzaban por demostrar que eran los jefes absolutos de sus hijos, las tendencias actuales de crianza son diferentes.

Hay menos pensamientos en blanco y negro en los nuevos estilos de crianza. Los padres buscan activamente formas de reducir las luchas de poder entre ellos y sus hijos. Esto ayuda a la familia a disfrutar de una relación más íntima y satisfactoria. Hoy en día, la crianza se basa más en la **colaboración y el entendimiento mutuo** entre padres e hijos.

Como hemos aprendido en el capítulo anterior, dar opciones a los hijos no significa que pierdas el poder como madre. De hecho, uno sigue teniendo todo el control de la situación.

Recuerda que convertirte en una madre pacifica significa ayudar a tus hijos a tomar mejores decisiones, no pelearte con ellos. No debes ver a tu hijo como un oponente, sino como un ser humano que necesita amor.

Empieza a darle opciones como estas:

No digas: *"Si no te lavas los dientes ahora, mañana no podrás mirar la tele"*. *"Si no limpias tu cuarto ahora, no podrás ir de visita a la casa de tu amigo la semana que viene"*. *"Te pondrás estos pantalones negros mañana y punto"*.

Prueba con esto: *"Si no quieres lavarte los dientes, te ayudaré a lavártelos"*. *"Si limpias rápido tu cuarto, podremos jugar juntos"*. *"Puedes elegir entre los pantalones negros o los grises para ir al colegio mañana"*.

7 indicadores de que eres una madre enojada

Todos sentimos ira en mayor o menor grado. A veces, expresarla puede ser más saludable que mantenerla oculta. Sin embargo, aunque está bien expresar la rabia de forma productiva, dejarla salir sin control muestra tu peor lado.

La ira parental no es la emoción más agradable de experimentar. Peor aún es tener que afrontar las consecuencias. Si te enojas más de lo habitual, puede ser señal de un problema grave.

Los indicadores listados a continuación indican cuándo la ira se ha convertido en un problema.

1. Te enojas frecuentemente

¿Cuántas veces explotas cuando conduces de vuelta a casa con tus hijos? ¿Te enojas ante el más mínimo inconveniente? Por ejemplo, ¿te enojas porque tus hijos llegan tarde a la mesa? ¿Te enfadas demasiado cuando tienes que limpiar lo que ensucian o cuando se presenta un problema menor, como si caminan demasiado despacio hacia el coche?

Piensa en tu reacción. ¿Son razonables tus arrebatos?

Si notas que con frecuencia pierdes el control o te enojas constantemente con tu hijo, no pases por alto este problema.

2. Tus hijos te tienen miedo

¿Hieres a tus hijos física o verbalmente? ¿Tu hijo evita mirarte a los ojos?

¿Crees que comportamientos violentos como dar portazos, pegar puñetazos a las paredes, gritar, chillar o insultar a tus hijos son respuestas normales? Por supuesto, a veces puedes levantar la voz para llamar la atención de un niño, pero nunca hasta el punto de que te tenga miedo.

Si percibes miedo en ellos, significa que has ido demasiado lejos.

¿Cómo quieres que te recuerde tu hijo? ¿Cómo una madre atemorizante? Eso es algo que ninguna madre querría.

3. Tienes mal genio

¿Les gritas a tus hijos a la menor provocación? ¿Necesitas gritar siempre el nombre de tu hijo para que venga? ¿Explotas de cólera de repente?

Si tienes la mecha corta, probablemente grites constantemente. Las cosas triviales te ponen furiosa. Por ejemplo, te enojas porque tu hijo se ha olvidado de llevar el almuerzo al colegio. Tal vez explotes porque a tus hijos se les han caído los juguetes en el pasillo o se han puesto zapatos en los pies equivocados. La incapacidad para controlar tu temperamento con tus hijos es un signo claro de problemas para controlar la ira.

4. No tienes paciencia

¿Has intentado ser paciente con tus hijos?

Supón que te pones muy nerviosa cuando tus hijos no están listos a la hora de ir a algún sitio, o que empiezas a gritar en cuanto descubres que no han hecho los deberes.

A lo mejor les gritas "¡Apúrate!", pero no se apresuran, aunque tengan que tomar el autobús. Tal vez te estresas cuando tardan una eternidad en prepararse para ir al colegio. Si estas pequeñas situaciones te hacen perder la cabeza y empezar a insultar, probablemente tengas poca paciencia.

5. Siempre culpas a otros

¿Siempre encuentras la manera de culpar a tus hijos, diciendo que sus acciones son las que te hacen enojar? Por ejemplo, imagina que se te caen por error tus gafas de sol favoritas en el sofá y tu hijo, sin darse cuenta, se sienta encima y las rompe. ¿Culpas a tu hijo por no mirar y le dices que es culpa suya?

Otro ejemplo podría ser que tu hijo te dijera que quiere ir al baño justo antes de salir de casa en la mañana. Al final llegas tarde al colegio y al trabajo. ¿Culpas a tu hijo por hacerte llegar tarde al trabajo y se lo sigues recordando?

6. Tus hijos te dicen que siempre estás enojada

Me siento muy identificada con esto, por mucho que no quiera admitirlo. Mi hijo, una de las personas que más quiero, se me acercó una vez y me preguntó por qué siempre estaba enojada. Allí mismo supe que mi enojo se había convertido en un problema, y que tenía que arreglar las cosas.

Si recientemente has oído decir a tus hijos, a tu cónyuge, a tus amigos o a cualquier otra persona que te enojas a menudo, es hora de que reflexiones sobre tu situación actual.

"¿Estás enojada conmigo, mamá?".

"Mamá, ¿por qué siempre me gritas?".

"¿Te he hecho enojar otra vez, mamá?".

Si este tipo de preguntas te suenan, piensa en la frecuencia con la que muestras tu frustración e irritación a tu hijo. Tu hijo no debe verte como una madre enojada. Tiene que verte como una madre cariñosa que se preocupa por él.

7. Te cuesta aceptar y perdonar

¿Cómo te sientes cuando tu hijo dice algo malo de ti? ¿Te enojas?

¿Cuánto tardas en perdonarlo? Las personas que no están abiertas a aceptar y perdonar tardan mucho en superar los problemas. Tus hijos pueden decir algo que detone sentimientos de rabia en ti, y tardas más de lo normal en superar el asunto.

Puede que tu hijo te diga algo como *"¡qué mala eres, mamá!"* u *"ojalá no fueras mi madre"*. Esto hace que te resulte difícil controlar tu enojo, y sientes como si no pudieras aceptar y perdonarlos. Las palabras de los hijos pueden entristecernos mucho, y a algunas les cuesta especialmente tolerarlo. Empiezan a pensar en lo mucho que se han sacrificado por su hijo, solo para oírle decir palabras hirientes.

¿Con cuál de estas señales te identificas? ¿Crees que eres una madre enojada? Si crees que lo eres, no pasa nada, porque este libro te proporcionará toda la ayuda que necesitas. Por suerte, ya eres consciente de ello, lo cual es un buen punto de partida.

Preguntas para reflexionar

Para controlar tu ira parental, necesitas aprender más sobre las causas y los detonantes de tu ira. Para empezar, responde a las siguientes preguntas:

- **¿Por qué/cuándo** sientes ira?
- **¿Por qué** siempre gritas?
- **¿Cuáles** son los recuerdos que detonan emociones en ti?
- **¿Cómo** reaccionan los demás a tu enojo?

A medida que respondas estas preguntas, serás más consciente de los motivos de tu ira y de los problemas que se derivan de esta.

El capítulo siguiente trata de la ira de tu hijo y cómo puedes ayudarlo a manejarla eficazmente.

PARTE 2

¿QUIÉN TIENE EL PROBLEMA, TÚ o TU HIJO?

CAPÍTULO 4

EL ENOJO DE LOS NIÑOS

"El niño necesita que le den una mano, o algún día se convertirá en un joven lleno de enojo".
— Elvis Presley

Hablemos sobre la ira que sienten los niños. ¿Cómo reaccionas cuando tu hijo es grosero contigo, le pega a su hermano, se niega a hacer los deberes o te dice: *"¡Te odio!"*?

¿Qué crees que provoca esa rabia que le hace gritar en el centro comercial o romper cosas contra el suelo?

Para responder a estas preguntas, empecemos por lo básico. Los adultos y los niños no son tan diferentes. Ambos quieren siempre sentirse bien y ser queridos. Cuando estas necesidades no están cubiertas, nos cuesta expresarnos. Si un niño se enoja, suele ser porque no sabe pedir lo que necesita. También es posible que no haya aprendido a aceptar un "no" como respuesta.

Cuando mi hijo era chico, era evidente que era inteligente y de carácter fuerte. Sin embargo, expresaba estos rasgos lanzando o golpeando objetos, diciendo cosas horribles y gritando a pleno pulmón. Esto siempre me hizo sentir que era una madre terrible. Sin embargo, más tarde llegué a comprender su comportamiento y la rabia que lo provocaba.

En este capítulo, comparto los conocimientos que he adquirido y hablo de cómo y por qué se portan mal los niños. Conocer la causa del enojo de tu hijo puede ayudarte a afrontarlo con mayor eficacia.

¿Por qué se portan mal los niños?

¿Sabes por qué se portan mal tus hijos? ¿Crees que se portan mal porque *quieren* hacerte enojar?

Creo que, cuando eras niña, "portarse mal" significaba algo diferente para ti que ahora. El significado de portarse mal depende de lo que haga exactamente tu hijo y cómo percibas tú ese comportamiento. A veces, el mal comportamiento de los niños puede ser intencionado, y otras veces, no. La edad del niño es un factor importante que no tiene nada que ver con la intención. Por ejemplo, un niño pequeño es propenso a "portarse mal", ya que no sabe lo que está bien y lo que está mal.

Cuando tu hijo hace algo en contra de tus deseos, es fácil reaccionar con resentimiento, frustración e ira. Por ejemplo, piensa en un momento en el que vas tarde al trabajo, estás de compras en el supermercado, vas a cenar o intentas subir al autobús a último momento. Es posible que estas situaciones te saquen de quicio.

Cuando tu hijo se porta mal, es posible que reacciones de forma desagradable. Puede que incluso le digas cosas como *"¿qué demonios te pasa?", "¿eres tonto?"* u *"ojalá no hubieras nacido".*

Las madres con hijos que se portan mal suelen preguntarse cómo pueden hacer frente a las acciones de sus hijos. A medida que tu hijo crece, se expone inevitablemente a nuevas condiciones y entornos. La incomodidad ante estas situaciones inciertas, podría ser la causa de su mal comportamiento.

La siguiente sección te resultará útil si tú y tu hijo han pasado por lo mismo.

7 motivos por los cuales los niños se portan mal

En primer lugar, pregúntate:

"¿Por qué mi hijo se comporta así?". "¿Qué gana cuando se porta mal?".

Nuestros hijos se portan mal por muchas razones. Una vez que identificamos estas causas, podemos pensar mejor en cómo resolver el problema.

A continuación, se enumeran siete motivos habituales por los que los niños se portan mal.

1. No se sienten bien

Todos los niños necesitan comer bien, respirar aire fresco, hacer ejercicio y, sobre todo, dormir bien. Si no satisface estas necesidades básicas, tu hijo no se sentirá bien. Te resultará difícil llevarte bien con él y será más probable que se comporte mal.

Si tu hijo está cansado, por ejemplo, es probable que se ponga de mal humor y nada, aparte de dormir, solucionará el problema. Un niño hambriento también se volverá irritable y hará que incluso las tareas más pequeñas le resulten agotadoras. Del mismo modo, los niños inactivos se aburrirán, lo que puede traducirse en un comportamiento malhumorado.

En lugar de centrarte en los llamados "malos comportamientos", recuerda que las acciones negativas de tus hijos en realidad te están alertando de un problema que requiere tu atención.

2. Se sienten rechazados

"¡No encajo en ningún sitio!". "¡Mi mamá nunca me va a querer!".

¿Te suena familiar?

Un niño que no se siente querido probablemente dirá este tipo de cosas. También tenderá a estar de mal humor, resentido e incluso a portarse mal. Tal vez sienta que has ignorado sus sentimientos y pensamientos durante tanto tiempo que ha empezado a verse a sí mismo como indigno de amor.

Cuando tu hijo siente que lo rechazas, crece más inseguro y ansioso. Con el tiempo, estos sentimientos pueden desembocar en baja autoestima, dudas y depresión. Tu hijo puede volverse agresivo y hostil hacia ti.

Ten en cuenta que su mal comportamiento puede no terminar en la infancia. El dolor emocional del rechazo puede perdurar hasta la edad adulta.

3. No se sienten queridos

"No soy tan bueno. Nadie me quiere". "¡No puedo hacer nada bien!".

¿Cómo te sientes cuando escuchas a tu hijo decir este tipo de cosas?

Un niño que no se siente querido devolverá los mismos sentimientos desagradables. En otras palabras, también pensará y actuará de forma poco cariñosa. A los niños les gusta complacer a quien quieren. Pero si no pueden tener una relación de amor con su madre, no tienen otra razón para comportarse correctamente más que evitar el castigo. Aunque quieras a tu hijo, no basta con saber en tu corazón que lo quieres. Él también debe saberlo.

¿Cómo puedes demostrar afecto? Muchos niños entienden las señales de cariño como los abrazos, besos, sonrisas, palmaditas, palabras amables, etc.

4. Les falta conocimiento y experiencia

Los niños son niños. No hay que asumir que son miniadultos. Cometen errores con sus acciones, igual que se equivocan al ponerse los zapatos o al contar números. Estos errores son parte normal de su experiencia de crecimiento.

Los niños no tienen los conocimientos y la experiencia de los adultos. Tú sabes más que ellos. Por ejemplo, cuando un niño le pega a otro, puede que no sepa que pegar es inaceptable. Puede que no ordene su habitación porque no sabe qué hacer cuando sus juguetes no caben en el cajón.

En estos casos, en lugar de castigarlo, puedes enseñarle lo que se debe hacer. Enséñale alternativas a los malos comportamientos para que aprenda de sus errores.

5. Se sienten incómodos o inseguros

Es difícil aceptar y adaptarse a los cambios, sobre todo para los niños. Los cambios pueden alterar a nuestros hijos y hacer que actúen de forma inesperada. ¿Qué cambios pueden afectar en la vida de un niño? Cuando toda la familia se muda a otro barrio, cuando la madre enferma, cuando llega un nuevo bebé o cuando cambian de curso en el colegio, son claros ejemplos.

Es probable que tu hijo se sienta inseguro cuando sus rutinas se vean afectadas. Necesitará que lo tranquilices. De lo contrario, su malestar puede convertirse en mal comportamiento.

6. Les falta confianza en sí mismos

Un niño necesita sentir que puede perseguir sus sueños, y tu trabajo es hacerlo sentirse capaz. Un niño seguro de sí mismo quiere probar cosas nuevas y encarar lo desconocido sin miedo.

Sin embargo, cuando un niño se siente débil o incapaz, puede compensarlo alardeando, presumiendo o incluso volviéndose agresivo. Puede empezar a aislarse de los demás y no estar dispuesto a probar cosas nuevas. Un niño con la idea de que "no puede hacer nada" encubrirá su falta de confianza con comportamientos inadecuados.

7. Se sienten desalentados

A medida que los niños crecen, necesitan que se les indique la dirección correcta. Necesitan la aprobación, el aliento y las palabras amables de sus padres.

A menudo olvidamos que nuestros hijos necesitan que los alentemos. No nos damos cuenta de que, cuando nuestro hijo recibe nuestra aprobación, eso lo ayuda a sentirse bien y a actuar de forma saludable. Es más probable que repita el mismo buen comportamiento para volver a sentirse así de *bien.*

Por otro lado, si los niños no reciben elogios por las cosas buenas que hacen, pueden empezar a portarse mal para llamar tu atención.

Es sorprendente, pero me he dado cuenta de que nuestra cultura es más tolerante con el mal comportamiento de las mascotas que con el de los niños. Por ejemplo, muchas personas se apresuran a tener una reacción negativa (incluso maldecir) cuando su hijo pequeño llora o tiene una rabieta, pero no cuando su perro lloriquea y ladra.

¿Te has fijado alguna vez en cómo reacciona la gente cuando un niño pequeño llora en un parque o un restaurante en comparación con un perro que ladra continuamente? La gente no le presta mucha atención al perro, pero el bebé es visto como un perturbador de la paz.

La condena de la sociedad sobre los bebés frente a las mascotas es un indicio de que hay que cambiar parte de nuestra mentalidad. Si crees que una madre debe castigar a un niño que llora en el parque, es que no has reconocido que una de las necesidades básicas del niño no está cubierta.

Todo comportamiento es comunicación

A veces, el mal comportamiento de los niños puede parecer personal, como si lo hicieran intencionadamente para complicarte la vida. Hay que recordar que la vida cotidiana es estresante. El comportamiento negativo de tu hijo solo parece intencionado porque está incrementando tus ya elevados niveles de estrés.

¿Y si pensaras en el mal comportamiento de tu hijo como un método de comunicación? Considéralo su forma de llegar a ti. Como adultos, los padres podemos practicar fácilmente la decodificación y gestión de nuestras emociones. En cambio, los niños todavía están aprendiendo a comunicarse. En lugar de expresar que están aburridos y hambrientos, pueden hacer cosas aparentemente irracionales, como tirar sus juguetes.

Aunque el comportamiento de algunos niños sea negativo e indeseable, el motivo no lo es. Esos comportamientos negativos que exhiben no los convierten en malos niños. Hay una diferencia significativa entre cómo se comporta tu hijo y su carácter.

Sus acciones no indican quienes son como personas.

Todo el mundo se comunica a través del comportamiento, aunque sea de formas diferentes. Mientras que un bebé llora cuando tiene hambre, un adulto bosteza cuando está aburrido o cansado. Ambos seres humanos están comunicando algo, aunque no sean conscientes de ello.

Los niños *quieren* comunicar sus necesidades. No lloran ni hacen berrinches porque sí. Como padres, debemos prestar mucha atención al comportamiento de los niños y descifrar lo que intentan comunicar. Recuerda que los niños pueden tener comportamientos desafiantes porque quieren llamar la atención de sus padres. También pueden hacerlo para librarse de una actividad que no les gusta o simplemente porque se aburren. Pero, sea cual sea el modo de comunicación, siempre hay un motivo detrás del comportamiento.

Mientras tu hijo solo sepa expresar su enfado a través de un comportamiento negativo, no intentes cambiar el comportamiento en sí. Si lo haces, tu hijo no se sentirá querido ni escuchado, lo que aumentará su rabia.

Intentar abordar el comportamiento negativo podría llevar a una lucha de poder, que es lo que tú quieres evitar. En lugar de eso, cuando tu hijo se calme, averigua por qué se ha enojado. Escucha atentamente lo que te dice. Así, la próxima vez no tendrá que tirar una almohada al suelo o romper un vaso de cristal para que lo escuchen.

Una vez que se dan cuenta de que se les escucha, muchos niños querrán limpiar el desorden inmediatamente y disculparse. Saben que sus padres los observan y escuchan y que, en última instancia, están ahí para ayudarlos.

Si tu hijo se porta mal repetidamente, es hora de que te detengas y te examines a ti misma. Créeme. Es más fácil prevenir los malos comportamientos antes de que ocurran que tratar de detenerlos cuando están sucediendo.

Ahora, pregúntate:

- *¿Son **razonables** las normas que he establecido para mis hijos?*

- *¿Estoy usando más el "**Sí**" que el "No"?*

- *¿Soy **coherente** a la hora de aplicar las normas?*

- *¿Doy a mis hijos suficientes **opciones**?*

- *¿Le estoy **facilitando** las cosas a mis hijos para que se porten bien?*

- *¿**Juego** con mis hijos?*

Recuerda que el cerebro de tu hijo aún se está desarrollando y reconfigurándose. Está aprendiendo un proceso de pensamiento más lógico que lo lleva a cuestionar tus opiniones e ideas.

En consecuencia, se mostrará conflictivo. Por supuesto, esta tendencia puede hacer que te llenes de frustración y enojo. Ten en cuenta que expresar amor durante un enojo puede ser difícil, e incluso puedes caer en la tentación de responderle a tu hijo con palabras negativas y condenatorias. Sin embargo, es importante que no permitas que tus emociones dicten tu comportamiento (o el de tu hijo).

En el próximo capítulo hablaremos de tu propia ira y de cómo ésta podría complicar una situación ya de por sí desagradable.

CAPÍTULO 5

¿EMPEORAS MÁS LAS COSAS?

"Nadie malinterpreta más a un niño que sus propios padres".
— Sydney J. Harris

Hay situaciones que hacen enojar a las personas. Tu hijo puede ser grosero contigo o romper a llorar cuando intentas corregirlo, lo que podría avivar tu ira. Incluso podrías

alterarte tanto como para superar el límite de velocidad y acabar teniendo problemas con la policía. Puede que te irrites por algo sin importancia, pero tu instinto te llevará a gritar, chillar, o simplemente desahogarte. Todas son respuestas naturales.

Sin embargo, el hecho de que sea natural no significa que tu respuesta sea una buena idea. Aunque gritar te haga sentir mejor durante un rato, no resuelve el problema principal.

Enojarte con tu hijo por hacer un berrinche y llorar, solo lo animará a seguir haciéndolo. Seguro que no lo detendrá.

Este capítulo trata de cómo los padres empeoran una situación ya de por sí "mala". Aprenderás a abordar el problema con tus hijos y verás que incluso un ligero cambio en tus acciones puede reducir significativamente los detonantes de la ira.

Empecemos por comprender cómo una interpretación errónea de la expresión de tu hijo puede empeorar una situación.

Te cuesta interpretar correctamente las señales

En el capítulo anterior explicamos que el mal comportamiento de tu hijo puede ser una forma de comunicación. Si no puedes identificar lo que tu hijo está intentando comunicar o si lo malinterpretas, habrá problemas.

Tal vez te preguntes cómo puede haber malentendidos entre tú y tu propio hijo. Al fin y al cabo, nadie lo conoce mejor que tú. ¿Cómo podrías malinterpretar lo que hace?

Piénsalo así. A medida que aumenta tu enojo, empiezas a pensar de forma irracional. Puedes llegar a pensar que el mal comportamiento de tu hijo incluso es intencionado. Como mencione antes, cuando tu hijo se porta mal, no lo hace para volverte loco. Al contrario, tu hijo necesita o quiere algo. Por ejemplo, si le pides que ordene su cuarto y no lo hace, no debes suponer que te está faltando el respeto. Si piensas objetivamente en la situación, es probable que veas que solo quiere jugar más, divertirse con sus juguetes o incluso relajarse. No hay malas intenciones detrás de su negativa a ordenar su habitación y, desde luego, no está intentando hacerte sentir mal.

Consideremos la última vez que te enojaste y perdiste el control.

Puede que hayas tenido un largo día de trabajo. Tal vez el cansancio se llevó lo mejor de ti y algo que dijo o hizo tu hijo te provocó. Sea cual sea el motivo, hubo una razón más importante para perder los nervios que el detonante en sí. Utiliza este lugar como punto de partida para identificar las interpretaciones erróneas.

Muchas de nosotras malinterpretamos el comportamiento de nuestros hijos porque esperamos que hagan cosas que van más allá de sus capacidades. Por ejemplo, cuando un bebé llora, es posible que te molesten sus gritos y pienses que está actuando de forma inusual. Pero

¡eso es lo que hacen los bebés! El bebé no entenderá tus reacciones. En resumen, tus expectativas deben ser adecuadas a la edad de tu hijo.

Cuando un niño no se comporta como nosotros queremos, a menudo malinterpretamos su comportamiento. En lugar de ver la situación desde el punto de vista del niño, asumimos que está siendo desafiante. Cuando un niño hace un escándalo, podemos suponer que quiere perturbar nuestra paz. En realidad, el niño puede estar herido, hambriento o enfermo del estómago. No sabe cómo expresar su necesidad y recurre al llanto.

Puede que esto te moleste y sientas la tentación de gritarle, pero algo tan sencillo como mecer al bebé para que se duerma puede ayudar. Sin embargo, tendemos a pasar por alto estas sencillas posibilidades. Nos centramos tanto en controlar la situación que a menudo suponemos lo peor de nuestros hijos.

Seguro que has oído el refrán: "Trabaja con mayor eficiencia, no más duro". Este dicho también se aplica a la crianza de los hijos. A veces, la solución sencilla es la que mejor funciona, aunque pueda parecer contrario a la intuición.

Esperamos que nuestros hijos nos digan tranquilamente lo que quieren para poder resolver sus problemas. Pero olvidamos que la comunicación eficaz es una habilidad vital que requiere tiempo para desarrollarse.

Mi hijo solo me escucha cuando grito

"Siempre intento no gritar... De verdad que lo intento. Sin embargo, no cambia nada, porque parece que gritar es la única forma que tengo de conseguir que mis hijos me escuchen".

He oído a madres decir esto infinidad de veces. Con el tiempo, las ayudo a entender que están equivocadas.

¿De verdad crees que tus hijos solo te hacen caso cuando les gritas? Si es así, ¿por qué crees que es necesario gritar para que tus hijos hagan algo bien?

Aunque muchas madres creen que necesitan gritar para que las escuchen, no es cierto. ¿Durante cuánto tiempo puede ser útil gritar? Considera también la pregunta más importante: ¿Es gritar a lo que quieres que respondan tus hijos?

Puede ser eficaz cuando tus hijos son más pequeños, pero no te dará el resultado deseado cuando se hagan mayores. Necesitas desarrollar una forma más eficiente de hacer que tus hijos te escuchen que no implique gritar. En lugar de agravar la tensión de tu hogar gritando, tendrás que abordar la raíz del problema y averiguar cómo puedes poner fin a este patrón de gritos.

Con demasiada frecuencia, las madres tienden a repetirse hasta el cansancio. Por desgracia, sus hijos siguen sin escucharlas, por lo que acaban gritando por frustración.

Yo misma he tenido esta lucha en el pasado. Mis niveles de estrés aumentaban, empezaba una lucha de poder y gritar parecía ser la única forma de conseguir que mi hijo me escuchara (o eso creía yo).

Pronto me encontré en una pendiente resbaladiza. Mi casa estaba llena de gritos y amenazas. Era agotador conseguir que mi hijo hiciera algo sin luchar. Finalmente, hice una pausa y me pregunté: "¿Qué está pasando exactamente? ¿Por qué tengo que gritar para que mi hijo me haga caso? ¿Cómo puedo romper este ciclo y conseguir que me haga caso?".

Me quedé absolutamente sorprendida cuando, tras investigar, descubrí que un niño pequeño promedio puede escuchar hasta 20 órdenes cada 30 minutos. Imagínate que te dieran una orden y te dijeran que hicieras algo casi cada minuto de tu día. Estarías recibiendo cientos de órdenes al día. ¿Y nos preguntamos por qué nuestros hijos no nos hacen caso?

Con nuestros constantes gritos, hemos entrenado a nuestros hijos para que nos ignoren. Y, en realidad, ¿podemos culparlos? Una vez que hayan oído 10 órdenes, probablemente dejarán de escucharnos.

Todos los días, utilizamos órdenes como:

"Ven aquí, ponte los zapatos, deja de hacer eso, vístete inmediatamente, no le pegues a tu hermana, sal de la cama, métete en la bañera, camina más deprisa...". ¡Es interminable!

Ponte en sus zapatos. ¿Cómo te sentirías tú recibiendo innumerables órdenes y atendiendo tantas exigencias? Seguro que te volverías loca.

Si siempre le dices a tu hijo lo que tiene que hacer en lugar de ofrecerle opciones, puedes frustrarlo. Como resultado, dejará de prestarte atención. Esto lleva a un ciclo de repeticiones y gritos antes de que respondan.

Puedes pensar que tus gritos han funcionado, pero no es cierto. La verdad es que han aprendido que tienen muchas oportunidades de ignorarte antes de escucharte.

Están pensando: *"No pasa nada; no tengo que moverme ni responder todavía. Como recién acaba de empezar a ponerse de mal humor, me queda mucho tiempo".*

Dependiendo de cómo sea tu hijo, puede decidir callarse y no hacerte caso, o también, si tienes un hijo más independiente, puede decirte: *"¡Deja de decirme lo que tengo que hacer!".* Estos son niños que se niegan a que los manden.

¿Qué ocurre después? El comportamiento y la falta de respeto de tu hijo te saca de quicio. Acabas sintiendo como la frustración te sobrepasa. Entonces empieza la pelea a los gritos.

Este ciclo enseña a tus hijos a ignorarte hasta que les gritas. También les enseña a responder con gritos o rabietas cuando les gritas, lo que alimenta un patrón de comunicación tóxico y perjudicial para la relación.

Cuando empiezas a presionar a tus hijos para que hagan cosas por culpa, miedo u obligación, puedes generarles resentimiento. No es de extrañar que muchos niños dejen de escuchar a sus padres y prefieran verlos gritar a pleno pulmón. Esto significa que al niño ha dejado de importarle lo que quieren sus padres. Ven que a los padres tampoco les importa lo que ellos quieren.

Entonces, ¿cómo podemos romper este ciclo? ¿Cuál es una solución más eficiente?

Involucra a tu hijo en la resolución de problemas

Tu hijo está jugando a todo volumen, pero tú tienes una importante reunión a través de Zoom. Le has advertido que se debe mantener callado, pero no te ha hecho caso. Tu ira aumenta y finalmente estalla. Empiezas a gritarle y amenazarlo.

¿Te suena esta situación?

Si constantemente te enzarzas en luchas de poder por los mismos temas con tu hijo, ha llegado el momento de resolver los problemas juntos. En lugar de eso, busquen una solución de mutuo acuerdo que ponga fin a la constante batalla por el poder.

Cuando surge un problema, es natural que pasemos rápidamente a la acción. Querer desempeñar el papel maternal de arreglarlo todo. Sin embargo, conviene moderarse un poco. No te apresures a resolver los problemas de tu hijo por él. Ayúdalo a resolverlos.

Los niños aprecian cuando saben a qué atenerse. Pero la mayoría de las veces no piensan mucho en lo que va a pasar. Debemos decirles exactamente cuál es el problema y qué esperamos de ellos. Es lo mismo que dar indicaciones a un desconocido. Señalas con el dedo para mostrarles adónde ir, hablando con mucha claridad para asegurarte de que te entiendan. Cuanto más clara sea la cuestión para tus hijos, más probabilidades habrá de que te escuchen.

Así que la próxima vez que tu hijo se olvide de meter en la mochila las zapatillas de fútbol o la bolsa de natación para ir sus clases, pregúntale qué puede hacer para que no vuelva a ocurrir. Las soluciones las deben encontrar ellos mismos.

Podrían decir:

- "Siempre prepararé la mochila la noche anterior para no olvidarme de nada".

- "Escribiré una nota adhesiva y la pondré en la puerta para acordarme de armar la mochila antes de salir de mi habitación".

- "Haré una lista para recordar lo que tengo que llevar en la mochila". Elogia a tu hijo cuando aporte soluciones eficaces como estas.

Así es como hieres a tu hijo

Para criar a un niño equilibrado, hay que formar un sólido sistema de apoyo para que crezca feliz y con un ego sano. Sin embargo, a veces no nos damos cuenta de cómo afectan a nuestros hijos determinados comportamientos. Algunas de las cosas que hacemos cuando estamos enojadas no hacen más que herir a nuestros preciosos pequeños y hacerlos más propensos a portarse mal.

Pero ¿qué puede una madre hacer para afectar tanto a su hijo?

Acciones como insultar, culpar, manipular y avergonzar solo causan más daño a la relación.

Palabras a las que no prestamos mucha atención pueden causar graves daños emocionales en nuestros hijos.

Por ejemplo, puede ser devastador escuchar cosas como *"¿por qué no puedes ser como tu hermano?"* o *"¡eres un tonto!"* o *"¡qué torpe eres!"* o *"¡deja de hacerte el idiota!"*. Estas etiquetas negativas pueden dañar la personalidad de tu hijo y reducir su autoestima. Puede que incluso interiorice estos términos, que no es lo que queremos para nuestros hijos.

También puedes rechazar a tu hijo con tus palabras diciéndole *"ojalá nunca te hubiera tenido"* u *"ojalá no hubieras nacido"*. Esto le demostrará que no lo quieres y que quieres alejarte de él. Un niño se sentirá poco querido cuando perciba que su madre o su padre no lo quieren.

Culpar a tu hijo cuando no ha hecho nada malo le enseña a no asumir la responsabilidad de sus actos, como cuando dices cosas como:

- *"Es culpa tuya que haya perdido la paciencia"*.

- *"No fue tu hermana, fuiste tú"*.

- *"Por tu culpa no puedo pasar tiempo con tu padre"*.

Los niños son el blanco más fácil al que culpar por cualquier situación y, por desgracia, algunos padres anteponen sus propios sentimientos a los de sus hijos.

Comparar a tu hijo con los demás también es algo que le hará daño. Puede sembrar la semilla del resentimiento en la mente de tu hijo. Puede volverse rencoroso hacia la persona con la que se le compara. Por ejemplo, debes evitar decir cosas como *"¿por qué no puedes ser como el hijo de nuestro vecino?"* o *"yo era un estudiante sobresaliente cuando tenía tu edad"*.

Tus hijos aprenden a su propio ritmo. No están compitiendo con nadie.

Otra forma en la que puedes estar perjudicando a tu hijo es avergonzándolo. Por ejemplo, puede que le hayas dicho algo como: *"Qué vergüenza me da que te hayas comportado así hoy".* Palabras como estas pueden hacer que tu hijo se sienta defectuoso e inepto por sus errores. Al avergonzar a tu hijo, lo desmoralizas y no favoreces el cambio.

Yo solía ser muy culpable de maldecir. Más tarde me di cuenta de lo devastador que es para un niño ser atacado verbalmente por sus padres. Exabruptos como *"¡maldito seas!"* o *"¡vete al infierno!"* son hostiles. Los niños pueden percibir esa hostilidad y acabar creyendo lo peor de sí mismos.

Amenazar a tu hijo es otra forma de hacerle daño sin saberlo. Por ejemplo, que digas cosas como *"si vuelves a hacer eso, te daré una nalgada"* o *"si no te portas bien, no habrá merienda/pantalla/juego"* puede intimidar a tu hijo. Puede infundirle miedo hasta el punto de que empiece a sentirse inseguro a tu alrededor. Las amenazas pueden traumatizar a los niños, ya que son vulnerables y dependen de ti para satisfacer sus necesidades básicas.

Recuerda que nunca debes plantearte pegarle a tu hijo, culpabilizarlo o utilizar palabras negativas con él. Los niños no son sacos de boxeo, ni tampoco objetos sin emociones. Elige formas sanas de comunicación con tus hijos.

Cuando criticas constantemente a tu hijo, el no deja de amarte. Él deja de amarse a sí mismo.

CAPÍTULO 6

LAS CONSECUENCIAS DE TENER MADRES ENOJADAS

"La actitud que tengas como padre es lo que aprenderán tus hijos, no tanto lo que les digas. No recordarán lo que intentas enseñarles. Recordarán lo que eres". - Jim Henson

Hasta ahora, hemos tratado distintos aspectos de la ira. En este capítulo nos centraremos en los efectos que nuestra ira tiene en nuestros hijos.

Mientras que algunos de nosotros pensamos que el impacto del enojo es mínimo siempre y cuando nadie resulte herido, las investigaciones han sugerido que la ira parental tiene más impacto en nuestros hijos de lo que somos conscientes.

Vivir en un entorno en el que se grita y la gente se enoja constantemente puede afectar a los niños. Ellos se acostumbran a esta forma de comunicación y empiezan a emular lo que han visto.

Con el tiempo, esto afectará a su cerebro en desarrollo y los pondrá en riesgo de padecer enfermedades mentales más adelante.

Tu hijo refleja tu enojo

¿Te has preguntado alguna vez cómo ha llegado tu hijo al punto de estar tan enojado y ser tan agresivo? Miras a tu hijo a la cara y solo ves rabia. ¿De quién es la culpa? Puede que pienses en esos personajes de películas de ficción en los que los niños son tan crueles con sus padres que terminan teniendo relaciones tóxicas. Esperas que tu situación no acabe así.

La verdad es que tu hijo es un producto TUYO. Aún está creciendo y no controla sus emociones. Emula la mayoría de las cosas que haces y, como un bumerán, te devuelve lo que le das.

Aunque el nivel de sensibilidad en los bebés varía, pueden percibir tus señales emocionales y reaccionar ante ellas. En otras palabras, se alimentan las emociones que les transmites. Como su desarrollo empieza pronto, dependen de tus respuestas emocionales para interpretar y reaccionar ante el mundo que les rodea. Por ejemplo, las investigaciones han demostrado que los bebés de apenas un mes pueden percibir cuándo sus madres están enojadas o deprimidas.

Naturalmente, los seres humanos responden emocionalmente ante las emociones fuertes de otra persona. En el caso de los niños, esto es aún más fácil, porque sus cerebros todavía no están completamente desarrollados para dar una respuesta racional. Cuando están rodeados de emociones negativas, es fácil que las perciban y empiecen a reproducirlas.

Mientras que algunos niños actúan impulsados por la genética, otros lo hacen principalmente por la crianza. De ti aprenden todo lo que saben sobre el mundo. Su vida adulta quedará marcada por sus primeros años, por lo que es esencial que les sirvas de modelo de buenos valores.

Pero cuando empiezan a mostrarse agresivos, es normal que te preocupes. Algunas personas llegan a un punto en el que empiezan a verse a sí mismos como padres fracasados que han criado a un niño enojado.

No puedo mentir. He estado en tu pellejo, preocupadísima por cómo llegué a mi punto más bajo. Estaba tan triste de que la vida hubiera resultado así a pesar de mi esfuerzo. Una vez mi hijo tiró su comida al suelo porque le dije que estaba castigado por insultar a su amigo.

En otra ocasión, se tiró al suelo y lloró a los gritos porque no quería hacer sus tareas. No me escuchaba ni se tomaba en serio lo que le decía, lo que me enfurecía aún más.

Sentía mucho miedo y me pregunté: *"¿Por qué está empeorando mi hijo? ¿Quién le ha enseñado a comportarse así? ¿Lo ha aprendido en el colegio? ¿Debería cambiarlo de colegio? ¿Sus amigos lo están influenciando?".*

Sabía que los niños a veces podían ser traviesos, pero las acciones de mi hijo iban más allá de meras travesuras. Exigían una intervención rápida. Finalmente, comprendí que mi hijo había aprendido a comportarse agresivamente de mí.

¡Sí, de mí!

Quede impactada al entenderlo. No recordaba haberle enseñado a mi hijo a pelearse a los gritos, ni haberlo animado a comportarse de forma salvaje y hacer berrinches.

Me topé con una investigación realizada por el psicólogo Albert Bandura. Aprendí que los niños aprenden comportamientos sociales como la ira observando el comportamiento de sus padres. Este hallazgo me abrió los ojos sobre mi propia relación madre-hijo. Cuando investigué más a fondo, tuve que aceptar que yo era el catalizador de sus acciones.

Los niños, sobre todo los más pequeños, nos ven como sus modelos. Tienden a imitar nuestros comportamientos. Cuando expresamos emociones negativas, nuestros hijos exteriorizan esos comportamientos sin darse cuenta de lo que están haciendo.

Cuando nos estresamos y enfrentamos a una emoción fuerte, como la ira, debemos tener mucho cuidado con lo que decimos y cómo actuamos. Nuestros hijos nos observan atentamente y están listos para imitar lo que hacemos.

Los niños no controlan mucho sus emociones a una edad temprana y aún están aprendiendo a regularlas. Cuando la madre empieza a mostrar inestabilidad, ellos reaccionan de forma parecida: hacen berrinches, lloran con más frecuencia y muestran un miedo y un enojo excesivos.

Si te fijas bien, verás que tu hijo ha estado en una situación extrema en la que tú o tu pareja han tenido frecuentes cambios de humor, se han gritado o insultado delante de él.

Si lo que acabo de describir es la realidad de tu hijo, se acostumbrará a eso. Pensará que ese comportamiento es normal. Pero, por desgracia, creerá que está bien tratar a otras personas de la misma manera, continuando así el ciclo tóxico. Incluso si no te das cuenta inmediatamente, tus acciones pueden ser psicológica y emocionalmente traumatizantes para los niños, poniéndolos en riesgo de volverse emocionalmente inestables.

En última instancia, el comportamiento de un niño depende en gran medida de su naturaleza, su entorno, lo que ve y cómo lo interpreta. Los niños son como esponjas que absorben de nosotros todo lo que saben del mundo.

Cuando dirigimos nuestra ira directamente hacia nuestros hijos, no querrán aprender los valores que deseamos inculcarles. En cambio, consumirán las emociones que les presentemos, aunque respondan con silencio. Las madres, debemos ayudar a nuestros hijos a saber cómo pueden hacerlo mejor. Esta lección debe enseñarse con calma, sin gritos.

Tenemos que empezar a responsabilizarnos de nuestros comportamientos, aunque sea imposible estar siempre de buen humor. No somos perfectas y no podemos evitar totalmente enojarnos. Sí, es cierto. Es normal estar de mal humor a veces. De vez en cuando nos enojaremos con nuestros hijos. Sin embargo, no debe ser frecuente y nunca debe ser de forma violenta.

Debemos estar en sintonía con sus propias emociones. Madres y padres deben reconocer cuándo empiezan a sentirse ansiosos, estresados o enojados. Luego, averiguar por qué se sienten así. Conocer las razones te ayudará a trabajar en la superación de traumas y evitar que los detonantes te hagan estallar. Por desgracia, tú eres la única persona que tiene control sobre tu comportamiento y estado de ánimo. El trabajo lo tienes que hacer tú. En el capítulo 3 de este libro, aprendiste a reconocer los detonantes de tu estado de ánimo, a regular tus emociones y a evitar proyectar tus sentimientos en tus hijos. Vuelve a leer ese capítulo si lo consideras necesario.

¿Qué pasa cuando eres una madre enojada?

¿Te has preguntado alguna vez qué influye en el desarrollo cerebral de tu hijo? ¿Cómo quieres que sean tus hijos? ¿En qué medida crees ser una buena madre, en una escala de 0 a 10?

Si puedes tomarte un segundo para pensar en el efecto que tienes sobre tu hijo física y mentalmente, quizá te aterre descubrir los horribles efectos que tu ira tiene sobre tus hijos.

Supongamos que la expresión de emociones negativas se produce con frecuencia. En ese caso, puede empezar a afectar el desarrollo cognitivo y emocional de tu hijo, algo que deberíamos evitar a toda costa.

¿Qué le pasa exactamente a tu hijo cuando eres una madre enojada?

1. Puede verse alterado el desarrollo emocional

Si gestionas mal tus emociones y muestras agresividad, es probable que tu hijo te imite y haga lo mismo. Las emociones agresivas son más fáciles de aprender que las positivas, ya que se sienten más intensas y poderosas.

¿Cómo te sientes cuando alguien te dice que te odia, que no quiere verte o que le das asco?

Utilizar frases hirientes como *"¡siempre me das dolores de cabeza!"* o *"¡me haces la vida imposible!"* con tus hijos puede dejarles una gran cicatriz mental. Estas palabras pueden afectar a su personalidad, interferir en su desarrollo emocional y hacerles sentir que no valen nada.

Todos queremos lo mejor para nuestros hijos. A veces, puede ser realmente frustrante intentar disciplinarlos, sobre todo cuando se portan mal. Sin embargo, la forma en que expresamos nuestra frustración puede tener un efecto duradero en el desarrollo de nuestro hijo.

Si se hace con frecuencia, puede afectar el desarrollo emocional de un niño. Podrían empezar a ser maleducados, agresivos, a aislarse de los demás, a tener dificultades para dormir, sufrir de depresión, ansiedad, tener baja autoestima y otros problemas emocionales. Si no se toma medida alguna, puede derivar en problemas psicológicos aún más profundos que se arrastren hasta la edad adulta.

2. Puede verse afectado el desarrollo intelectual

Por desgracia, la ira es una emoción que se extiende como el fuego. Se transmite rápidamente de padres a hijos y pronto se convierte en un estilo de vida si no se hace nada para controlarla.

Cuando tus hijos se ponen nerviosos por tu agresividad, su atención puede desviarse.

Como resultado, puede que no tengan la energía psicológica para concentrarse. Se estresarán hasta el punto de que empiece a perjudicar su aprendizaje. En general, esto puede crear un obstáculo para su desarrollo intelectual.

Los niños que tienen este tipo de experiencia suelen volverse inestables cuando se enfrentan a responsabilidades. Además, ver a sus padres de mal humor una y otra vez creará aún más tensión en los niños.

Dependiendo de la edad de tu hijo, puede interiorizar el enojo recibido de sus padres de forma diferente. Mientras que los niños pequeños pueden reaccionar a las emociones negativas mostrando su enfado a través de sus acciones (llantos y berrinches), los mayores reaccionarán emocionalmente. Con el tiempo, notarás que tu hijo no quiere relacionarse contigo y te evita.

Puede que dejen de compartir sus problemas contigo. Son efectos directos de las emociones negativas que han aprendido de nosotros.

Este ciclo puede contribuir a problemas escolares que se suman a las dudas, la culpa y la angustia de tu hijo. Cuando tiene malas notas en el colegio, tiende a perder la pasión por estudiar. Puede que odie ir al colegio y ya no le interese aprender. La escuela puede parecer inútil, cuando el aprendizaje debería verse como una aventura y no como una tarea.

3. Puede interferir con el desarrollo social

La ciencia ha revelado que exponer a los niños a la ira puede alterar su desarrollo social y tener consecuencias a largo plazo. Cuando reaccionas con dureza y de forma inadecuada, los circuitos cerebrales en desarrollo de tu hijo se alteran. Este problema afecta su forma de relacionarse con la gente y de resolver los problemas cotidianos. Su capacidad para interactuar con la gente se ve afectada y tiene menos control sobre la regulación de su comportamiento.

Tu hijo empieza a ser consciente de su individualidad a una edad temprana. El sentido de sí mismo en las primeras etapas marca la pauta para el resto de su vida. En esta etapa temprana es cuando desarrollan amistades, entienden los pensamientos y creencias de la gente, escuchan cuando otros hablan, inician y crean juegos.

Sin embargo, el efecto de tu enojo puede perjudicar su desarrollo social. Podrían dejar de mostrar interés por jugar con otros niños. Podrían volverse rígidos con sus rutinas y alterarse cuando las cosas cambian. No se darán cuenta de que están haciendo algo mal cuando no quieran compartir o turnarse con otros niños.

4. Puede dañar la relación madre-hijo

¿Has pensado alguna vez en tu futura relación con tus hijos? ¿Cómo sueñas que será tu futuro con tus hijos?

El enojo que exteriorizas ahora puede dañar la relación que tengas más adelante con tus hijos. Tras beber de la fuente de tus emociones negativas, seguirán adelante con su vida y resolverán sus problemas sin tu ayuda.

Si no saben expresarse con eficacia y gestionar sentimientos complejos, guardarán sus emociones hasta explotar. Tus hijos construirán un muro emocional para evitar que los demás les hagan daño. Esta barrera es perjudicial para la relación entre madres e hijos, porque tu hijo no bajará la guardia. Como resultado, se alejará sin tener la oportunidad de hacer las paces contigo.

Hace unos años conocí a una chica que no mantenía contacto con sus padres porque creía que eran la causa de sus problemas. Cuando indagué más, me reveló que, mientras ella crecía, su padre era indiferente a la casa y a sus hijos. Esto hacía que la madre estuviera siempre molesta y enojada. No había muchas conversaciones familiares y, cuando hablaban, sus padres siempre se gritaban. Debido a su experiencia, supuso que otras familias también eran así.

Siempre estaba callada entre la gente. Se sentía ansiosa y tímida y evitaba estar en público. Después de ir a la universidad, conoció a otras personas y se dio cuenta de que sus padres la habían criado en un ambiente cargado de ira. Por fin pudo entender por qué siempre se sentía ansiosa.

Recuerda que, aunque los días parezcan largos, los años que tienes por delante son bastante cortos. Cada etapa del desarrollo de tu hijo presenta oportunidades y retos únicos.

Los padres que fomentan el desarrollo emocional de su hijo de forma saludable tienen más probabilidades de responder a estos retos de forma productiva.

Cada día es un nuevo amanecer y una oportunidad para cambiar la relación que tienes con tus hijos. ¿Por qué no aprovechar la oportunidad ahora? En el próximo capítulo, hablaremos de estrategias prácticas para conseguir que tus hijos te escuchen (¡en lugar de enloquecerte!).

PARTE 3

ESTRATEGIAS DE CRIANZA QUE DAN RESULTADO

CAPÍTULO 7

CÓMO LOGRAR QUE TUS HIJOS TE ESCUCHEN SIN GRITAR

"Los gritos silencian el mensaje. Habla con calma para que tus hijos escuchen tus palabras y no solo tu voz".
— L. R. Knost

Muchas de nosotras consideramos que gritar es la mejor opción cuando nuestros hijos se portan mal. Parece una respuesta natural, y la mayoría de los padres lo han hecho alguna vez. Pero ¿funciona realmente? ¿Crea el tipo de cambio que quieres ver en tus hijos?

Si somos sinceras con nosotras mismas, todos estaremos de acuerdo en que gritar cambia poco o nada el comportamiento de nuestros hijos. Incluso puede agravar una situación sencilla en lugar de mejorarla.

Cuando les gritamos a nuestros hijos, corren un mayor riesgo de arrastrar traumas psicológicos. El principal problema de los gritos es que muchas madres nos hemos acostumbrado a comunicarnos de esta manera en lugar de hablar tranquilamente con nuestros hijos. Los gritos frecuentes se graban en el cerebro de los niños. Como resultado, esperan que sus madres griten incluso por el asunto más insignificante.

Ya hemos hablado de lo que implica la ira y hemos definido quién es responsable de que haya una relación cargada de enojo entre madres e hijos. Ahora, nos centraremos en buscar soluciones para nuestra ira. En este capítulo se abordan formas eficaces de conseguir que nuestros hijos nos escuchen *sin* gritar.

Cómo dejar de gritarle a tu hijo

En gran medida, la forma de abordar una situación determina la reacción de tu hijo. Si empiezas con calma, tienes más posibilidades de que te escuche. Pero si abordas la situación cuando ya estás de mal humor, es más probable que tengas una respuesta emocional exagerada. Tu hijo percibirá la tensión y es posible que se ponga nervioso.

Aprende a hablar adecuadamente con tus hijos, mantén un tono tranquilo. Una forma sencilla de conseguirlo es averiguar cuáles son tus detonantes emocionales, no importa cuántos sean.

Hagamos un ejercicio rápido. Toma papel y lápiz. Empieza a anotar todos los comportamientos de tu hijo que te enojan. ¿Cuáles de esos comportamientos te hacen hervir la sangre?

Consulta el capítulo 2 para ayudarte a identificar y comprender los posibles detonantes. Si conoces estos detonantes de antemano, podrás adelantarte para evitar que te controlen. Las siguientes son estrategias que puedes utilizar para dejar de gritarle a tu hijo.

1. Sé respetuoso con tu hijo

Explicarle respetuosamente a tu hijo lo que *quieres* que haga es más eficaz que gritarle lo que *no quieres* que haga. Este método no solo es aplicable a la comunicación con los niños, sino con todo el mundo.

Puedes reconocer con respeto que tu hijo no es un mal niño, aunque su comportamiento no sea bueno. Respeta a tu hijo como ser humano y deja de hacerlo sentir mal consigo mismo.

Evita transmitirle culpas, vergüenza o dolor. Hacerlo no es útil, ya que puede hacer que se sienta peor e incluso avergonzado ante la gente. Podría volverse agresivo o desarrollar una baja autoestima, lo que en última instancia le impediría tener relaciones sanas con los demás.

Aunque parezca que gritando se consiguen resultados rápidamente, hacerlo hace más mal que bien. Por ejemplo, imagina que tu hijo entra con el resultado de un examen que no logró aprobar mientras estás conversando con una amiga tuya. En lugar de regañar a tu hijo en presencia de tu amiga, deja la situación para más tarde.

Si avergüenzas a tu hijo delante de tu amiga, lo más probable es que se cierre y se vuelva cada vez más reservado. Puede que le resulte difícil sentirse cómodo en presencia de ese amigo en particular e incluso de otras personas que se le acerquen.

Otro ejemplo es cuando invitas a cenar a un familiar y tu hijo no se comporta correctamente al comer. Puedes señalarle el mal comportamiento y corregirlo con calma en lugar de avergonzarlo con críticas del tipo de *"¿cuántos años tienes?", "¿cuántas veces tengo que decírtelo?"* o *"¿por qué no puedes hacer nada bien?".*

Imagina que alguien cercano a ti te dijera estas mismas cosas. ¿No te dolería?

Pongámonos como ejemplo. ¿Qué pasaría si invitaras a unos amigos a cenar y tu pareja hiciera un comentario negativo sobre tu aspecto, diciendo que no te ves bien porque no te has lavado el pelo o solo te vistes con pijama en casa? ¿Cómo te sentirías?

¿No sentirías vergüenza y considerarías que te faltaron el respeto? Seguramente sentirías tanta pena que detendrías la conversación y querrías que la cena termine lo antes posible.

Eso es exactamente lo que siente tu hijo cuando haces algo parecido. Avergonzar a tu hijo solo empeorará las cosas.

2. Establece consecuencias acordes al comportamiento

Es importante establecer consecuencias que se ajusten al mal comportamiento de tu hijo. Podrías quitarle privilegios, siempre que su duración sea razonable. Por ejemplo: *"Nada de teléfonos en la mesa. Si traes el teléfono a la mesa, no podrás usarlo durante una semana"*.

De este modo, la consecuencia se ajusta al mal comportamiento. Estás siendo razonable al privarlo del teléfono durante una semana. Sin embargo, quitarle el teléfono durante un mes por traerlo una vez a la mesa del comedor puede resultar exagerado y volver ineficaz la medida.

Otro ejemplo es impedirle jugar videojuegos durante todo un mes porque no ha hecho los deberes. Esto puede resultar menos eficaz que simplemente fijarle determinadas horas para jugar videojuegos. Tú conoces las capacidades de tu hijo. Ponerle expectativas por encima de su nivel hará que fracase.

Aprende cuáles consecuencias funcionan con tu hijo y recuerda que lo que funciona con un niño puede no funcionar con otro.

3. Dale seguimiento al buen y mal comportamiento

No basta con definir consecuencias para las acciones de tu hijo y sentarse de brazos cruzados a esperar los resultados. Tienes que ver constantemente qué hace. El seguimiento no solo es importante para el mal comportamiento, sino también para el buen comportamiento. De este modo, los niños ven que hay una recompensa por hacer lo correcto.

Si lo han hecho bien, puedes elogiarlos, darles abrazos o simplemente darle palmaditas en la espalda. Sin embargo, si se portan mal, haz exactamente lo que dijiste que harías.

Un ejemplo de cómo darle seguimiento al mal comportamiento es retrasar el disfrute de un privilegio que tus hijos suelen tener. Considera la posibilidad de quitarles ciertos privilegios, tales como:

- Su helado favorito, porque se negaron a lavarse los dientes

- Jugar a videojuegos durante una semana, porque te han faltado al respeto

- Hacer menos de las actividades que les gustan

De este modo, tus hijos intentarán resolver el rompecabezas de lo que hicieron mal e intentarán no volver a hacerlo. Asegúrate de que la consecuencia se ajuste razonablemente al mal comportamiento.

Como madres que tenemos tanto que hacer en tan poco tiempo, tendemos a olvidar algunas de las cosas que decimos. Del mismo modo, nos olvidamos de hacer cumplir las consecuencias negativas que prometimos. Puede que no siempre te des cuenta, pero tus hijos están muy atentos y saben cuándo no has actuado como habías prometido. Con el tiempo, si esto se te vuelve costumbre, se darán cuenta de que no haces lo que dices y se animarán a portarse mal.

4. Deja claras tus expectativas

Explícale a tu hijo desde el principio las consecuencias de no obedecer las normas. Dale a conocer las consecuencias para poder dejar claras tus expectativas. Por ejemplo, si le dices algo como *"si no haces tus tareas, no verás la tele durante una semana"*, tu hijo sabrá que perderá el acceso a su programa de televisión favorito si no hace los deberes. La mayoría de los niños prefieren hacer los deberes antes que perder esos privilegios.

Hazles saber a tus hijos cuáles comportamientos son aceptables en casa o fuera de ella y cuáles no. La mejor forma de hacerlo es programar adecuadamente las correcciones y asegurarse de que las consecuencias se produzcan de inmediato. Por ejemplo, en cuanto el niño se porte mal, repréndelo en el acto si está a solas contigo. Si ya le habías hecho una advertencia, aplica la consecuencia de inmediato.

Utiliza palabras tranquilas y consideradas. En lugar de empezar la conversación con *"tú nunca..."* o *"tú siempre..."*, empieza con *"me he dado cuenta de que..."*. De este modo, entrarás en un estado mental de resolución de problemas.

No le digas *"nunca me haces caso"* o *"siempre causas problemas"*. En lugar de eso, empieza con: *"Me he dado cuenta de que no le prestas atención a mis palabras"*. O: *"Me he dado cuenta de que hemos tenido algunos problemas con..."*. Expresar claramente tu preocupación puede darle a tu hijo la oportunidad de explicar sus acciones.

5. Pídele a tu hijo que repita la regla

Asegúrate de que tu hijo repita siempre la regla que has establecido. También puedes pedirle que repita las consecuencias para asegurarte de que han llegado a un acuerdo. No olvides que estás tratando con niños. No hay mejor manera de confirmar que lo han entendido que verbalmente.

Hacerle repetir lo que dices puede ayudar a mejorar la comunicación entre los dos. En lugar de exigirle *"¡repite lo que te digo!"*, es mejor decirle *"cariño, repite lo que te digo"* con voz suave pero segura. De este modo, es más probable que escuche y se muestre más cooperativo.

Del mismo modo que los niños aprenden las letras del abecedario recitándolas, puedes hacer que repitan tus instrucciones y normas después de ti. Así tendrán la oportunidad de personalizar las normas.

Lista sencilla de consejos para no gritar

Todas queremos ser buenas madres. Aspiramos una crianza en la que no es necesario gritar, enojarse o incluso pegarles a nuestros hijos. Sin embargo, debemos comprender que detener estas acciones depende de nuestra autoconciencia.

A continuación, te proponemos tres formas sencillas de volverte más consciente de tus acciones para dejar de gritar y vivir en paz con tus hijos.

1. Cuida tu lenguaje

A los niños les encantan las palabras positivas y a menudo su estado normal es la felicidad. Pero también sufren de vez en cuando, sobre todo cuando se sienten heridos por palabras crueles.

Como dice la escritora Yehuda Berg: *"Las palabras son singularmente la fuerza más poderosa disponible para la humanidad... Las palabras tienen energía y poder, tienen la capacidad de ayudar, de curar, de herir, de dañar, de humillar y de conmover".*

Las palabras son la unidad más pequeña de una lengua, pero incluso las más pequeñas conllevan un gran poder. Las palabras que elijas y cómo las utilices pueden reforzar la confianza de tu hijo o destruirla. Tu hijo aprende todo lo que sabe observando a la gente que lo rodea. Por eso es importante que cuides tu lenguaje y utilices palabras positivas con tus hijos.

¿Qué tipo de palabras utilizas con tu hijo? ¿Son duras? ¿Son crueles?

¿Sarcásticas? ¿Degradantes? ¿Abusivas?

Estas son algunas cosas que nunca debes decirle a tus hijos. Si tus palabras se parecen a estas, debes cuidar tu lenguaje e intentar utilizar palabras más positivas al hablar con ellos.

- *Cállate*
- *Eres estúpido*
- *No me hables así*
- *Deja de hablarme*

- *¿Por qué no puedes ser como tu hermana/hermano?*

- *Ojalá no hubieras nacido*

- *A nadie le importas*

- *¿No puedes hacer nada bien?*

- *Me avergüenzo de que seas mi hijo*

- *Eres el niño más insoportable que existe*

- *Eres una decepción*

2. Cuida tus pensamientos y comportamiento

Como seres humanos, tenemos programados ciertos pensamientos y comportamientos. Cuando eres consciente de tus pensamientos y comportamientos, puedes gestionarlos de forma más eficaz y descubrir que no necesitas gritarles a tus hijos. Tu forma de pensar influye en tu comportamiento, así que es fundamental que controles tus pensamientos. Cuando tu hijo te provoca, es hora de hacer un examen de conciencia. Mírate a ti y explora qué ha provocado esos detonantes.

Para revisar tus pensamientos y comportamientos, necesitas un lápiz y un cuaderno donde escribir. Responderás a algunas preguntas que te ayudarán a sacar el máximo partido del ejercicio.

Escribe en tu cuaderno las respuestas a las siguientes preguntas:

- ¿Cómo les hablas a tus hijos? ¿Con un tono de voz suave o enojado?

- ¿Hay situaciones en las que les pegas a tus hijos?

- ¿Se te ocurre alguna situación que te haga pensar negativamente?

- ¿Cómo te ha hecho sentir este pensamiento/creencia en particular? Puntúa el sentimiento del 1 al 10, siendo 10 lo peor.

- ¿Cómo puedes reformular este pensamiento? Imagina un pensamiento más amable y escríbelo.

¡Ya está! Sencillo, ¿verdad?

Realiza este ejercicio tantas veces como quieras a lo largo del día. Al escribirlos, les das a tus pensamientos un poder nuevo y más positivo. Con la práctica suficiente, te entrenarás para reformular automáticamente tus pensamientos y comportamientos negativos sin ni siquiera reparar en ello.

3. Cuida tu autocontrol

¿Cómo encaras una situación tensa con tu hijo? ¿Te comportas con calma y confianza? ¿Estableces límites con amabilidad independientemente de cómo reaccione tu hijo?

Y si tu hijo discute y se enoja, ¿Sabes mantener la compostura y la calma?

En la crianza, controlar tu capacidad de autocontrol puede ayudarte a elegir cómo reaccionar ante las distintas situaciones que puedan presentarse. Por ejemplo, aunque pienses que la vida es injusta, que te victimices o culpabilices en realidad no importa. Lo que importa es cómo reaccionas ante la situación.

Pero ¿cómo puede alguien mejorar su autocontrol?

- **Reconociendo que tienes tres opciones en cada situación.** Puedes abordar, atacar o evitar una situación. Es importante que tomes la decisión correcta en cada contexto.

- **Tomando conciencia de tus emociones en momentos tensos.** ¿Prefieres huir de una situación difícil o siempre arremetes contra tu hijo por provocarte?

- **Prestando atención a tu cuerpo.** Esto te ayudará a obtener pistas sobre tu estado emocional cuando no te es inmediatamente obvio. Por ejemplo, en un ataque de pánico, tendrías las manos temblorosas, la cara roja, y el corazón te latería más rápido.

El dominio del autocontrol requiere tiempo, compromiso y práctica. Alinea tus pensamientos y comportamientos con tus objetivos y luego haz los cambios necesarios. El trabajo y la vida suelen ser estresantes, pero es importante autorregularse para controlar la respuesta de uno en los momentos difíciles. Algunas formas de desarrollar el autocontrol son meditar, hacer ejercicio, llevar un diario, pedir opiniones a los amigos, practicar la autocompasión y hacer afirmaciones positivas.

No importa lo difícil que sea la relación con tu hijo, este capítulo te será útil. Incluso si discutes o te peleas a gritos con él a diario. Los pasos de los que hemos hablado te ayudarán a salvar tu cordura y la relación con tus hijos. En el próximo capítulo, hablaremos del proceso de autorreflexión para que sepas de dónde vienen los problemas, qué soluciones no funcionan y cómo criar a tus hijos de forma pacífica.

CAPÍTULO 8

MÉTODOS DE CRIANZA QUE FUNCIONAN

"Sin autoconciencia, somos como bebés en la cuna".
— Virginia Woolf

Cuando comenzaste el viaje por la maternidad, nunca imaginaste que les gritarías y pegarías a tus hijos cuando se comportaran mal o te disgustaran por algún motivo.

Estamos hablando de tus preciados e inocentes hijos. ¿Por qué se te pasaría esa idea por la cabeza? Sin embargo, cuando tu bebé se convierte en un niño en edad preescolar, empieza la verdadera lucha. En ese momento, tu hijo empieza a poner a prueba tu paciencia y a pulsar botones que no sabías que tenías.

Esta fue mi experiencia cotidiana hace años. Discutía constantemente con una personita que no me escuchaba. Mi hijo era grosero, me trataba mal y actuaba de forma irresponsable, y yo me sentía frustrada y deprimida. Este patrón continuó hasta que investigué y encontré métodos de crianza que realmente funcionan.

Antes de develarlos, empecemos por lo que *no* funciona.

Lo que no funciona

Si tienes dificultades para ser una buena madre y mantener una relación pacífica con tus hijos, primero tienes que examinarte **a ti misma**. Este paso te ayudará a averiguar de dónde viene el problema. A continuación, tienes que identificar las estrategias ineficaces que utilizas actualmente y encontrar otras más eficaces. Por desgracia, no saber qué estás haciendo mal te mantendrá en un ciclo de ira, y seguirás repitiendo esos errores.

¿Qué puedes hacer en su lugar? En primer lugar, hablaremos de las medidas que muchos padres toman y que no funcionan.

1. Gritar no funciona

Tenemos muchas formas de influir en el comportamiento de nuestros hijos y animarlos a hacer lo que queremos. Gritar forma parte de ellas. Sin embargo, tenemos que entender que, aunque gritar parezca la respuesta más rápida, es ineficaz porque transmite el mensaje equivocado a nuestros hijos.

A nadie le gusta que le griten, sobre todo a los niños. Los hace sentirse avergonzados, degradados y asustados. Si buscas una forma eficaz de cambiar el comportamiento de tu hijo, los gritos no deberían formar parte de ella, y punto. Cuando haces que tu hijo se sienta asustado y avergonzado, se pone automáticamente a la defensiva, y el centro de aprendizaje de su cerebro empieza a cerrarse.

Si esto ocurre, tu hijo no puede aprender de ti ni escuchar tus palabras. Cuando gritas, su cerebro le dice que eres una amenaza. Automáticamente se desconectan las partes de su cerebro destinadas a proteger al niño.

Hay muchas otras razones por las que los gritos no funcionan con tu hijo. Si le gritas, le demuestras que están enfrentados. En otras palabras, le dejas claro que no estás de su lado. Los niños acaban a la defensiva, confusos y desconectados de sus madres. No serán receptivos a tus consejos ni hablarán abiertamente de sus problemas. Gritar puede arruinar la conexión que tienes con tu hijo.

Gritarles a tus hijos produce resultados similares a los del castigo físico: los estresa. Sus niveles de ansiedad y depresión aumentan, lo que puede provocar problemas de comportamiento. Obviamente, esto demuestra que no estamos obteniendo los resultados deseados con nuestros gritos.

Cuando gritas a tus hijos, no proyectas una imagen autoritaria. De hecho, lo que haces es parecer débil, como si no pudieras mantener el control delante de ellos. Hablando con sinceridad, estarás de acuerdo conmigo en que gritas porque eres débil. Si tuvieras las cosas bajo control, no necesitarías gritar. Recurres a eso en momentos en que los niños no te escuchan, no te respetan o no siguen instrucciones sencillas. Su mal comportamiento te afecta y demuestras tu debilidad gritando.

En esencia, gritar es la respuesta que das cuando no sabes qué más hacer.

Debemos entender que gritar no funciona con los niños, aunque parezca que pueden obtener una respuesta rápida. Esa respuesta es el resultado del miedo, y no se mantendrá en el tiempo.

Sin embargo, sabiendo que algunos métodos para cambiar el comportamiento de un niño son más eficaces que otros, es tu responsabilidad como madre seguir un mejor curso de acción. Adoptar un método que realmente funcione en lugar de ser una madre que se enoja, es débil y siempre está gritando.

2. Las palmadas o las nalgadas no funcionan

¡No! ¡No funciona! Aunque las nalgadas puedan parecer una herramienta disciplinaria para conseguir que tu hijo te haga caso, no funcionan. Solo envían un mensaje a tu hijo que dice: *"Quiero que te comportes para poder sentirme más tranquila"*. O: *"No sé cómo mantener la calma a menos que te comportes como yo quiero"*.

Dar nalgadas a tu hijo es muy malo en sí mismo. Es lo que hace la gente cuando no sabe qué otra cosa hacer. ¿Te has preguntado alguna vez por qué les pegas a tus hijos? Supongo que por las mismas razones todos los días. A lo mejor no guardan la ropa, aunque les hayas advertido innumerables veces que no la tiren al suelo.

A lo mejor contestan mal, hablan mal o les pegan a sus hermanos. Pero

¿funcionan realmente los azotes? ¿Da algún resultado positivo a largo plazo tu acción disciplinaria?

Durante muchos años, las nalgadas se han adoptado como una forma normal de disciplinar a un niño. Pero los estudios han revelado que las nalgadas tienen efectos nocivos en los niños. De hecho, las nalgadas se consideran una forma de maltrato físico.

¿Cómo justificar las nalgadas? ¿Para qué sirven?

Tal vez tus padres te aplicaban el mismo castigo cuando eras niña. Puede que te hayan dicho que es una forma aceptable de corregir el comportamiento. Pero, después de muchos años haciéndolo, sigues sin ver resultados, salvo efectos adversos. ¿Cómo dejar de hacer algo a lo que se está tan acostumbrado? ¿Cómo puedes hacer que tu hijo deje de comportarse de forma molesta, peligrosa y mala, pero sin darle una palmada en la cola?

Sin duda, las nalgadas pueden dar resultados rápidos, como los gritos. Pero prepárate porque viene más. Prepárate para tener un hijo más agresivo, lleno de rabia hacia ti, sus hermanos, sus amigos del colegio y su pareja, más adelante.

Prepárate también para tener un hijo con comportamientos antisociales.

Si le sigues pegando, se sentirá desvalorizado. Puede desarrollar una baja autoestima y depresión. Además, esta acción drástica puede acabar siendo contraproducente porque lo anima a mentir. Al intentar escapar del dolor físico, tu hijo se desesperará por evitar los golpes y mentirá, aunque sepa que no debe hacerlo.

Cuando golpeas a tus hijos, les enseñas que la violencia es la forma correcta de resolver un problema. En los últimos años, la sociedad se ha centrado mucho en el acoso escolar. Darle nalgadas a tu hijo puede considerarse abuso. También le estás enseñando que los golpes son una forma eficaz de conseguir que los demás hagan ciertas cosas. Por ejemplo, golpear con fuerza la mano de tu hijo o darle una rápida palmada en la cola puede enseñarle que el daño físico es una forma estupenda de llamar la atención de alguien y corregir comportamientos inadecuados.

Puesto que los niños aprenden cosas viendo a sus padres y copian su comportamiento, las nalgadas transmiten el mensaje de que pegarle a alguien es una forma adecuada de expresar sentimientos y resolver un problema. Pero el único tipo de razonamiento que tu hijo aprenderá a hacer con las nalgadas es el siguiente: *"Entiendo que me pega cuando está aquí mientras hago algo que no debo. Pero ahora puedo portarme mal, ya que ella no está aquí"*. Debido a esta forma de pensar, será más probable que se oponga a tu petición, especialmente cuando tú no estás allí para infligir dolor.

Cuando le pegas a tu hijo, no estás construyendo una relación positiva con él. El niño evitará a una madre que le pega. No querrá pasar tiempo contigo ni hablarte. En un momento dado, me di cuenta de que mi hijo quería pasar más tiempo con sus amigos del colegio que conmigo. Evitaba salir conmigo y prefería encerrarse a salir de su habitación y hablar conmigo.

Al final me di cuenta de que los golpes no son la solución. Si queremos que nuestros hijos se porten bien, lo mejor es intentar comprenderlos. Darles razones para hacer lo correcto y explicarles de antemano las consecuencias de no hacerlo. En lugar de pegarles, hay que intentar construir una buena relación con los niños.

Lo que funciona

Ahora que ya sabes qué es lo que no funciona con tus hijos, es el momento de hablar de lo que sí funciona para que puedas empezar a aplicarlo.

1. La autoconciencia es clave

Como madre, siempre me ha costado desempeñar este papel con tranquilidad y, durante muchos años, nos causó angustia emocional tanto a mi hijo como a mí. Estaba siempre modo de supervivencia, centrada en mi trabajo de ocho horas, trabajando duro y cubriendo las necesidades básicas de mi familia. Aunque era una madre dedicada que amaba a su hijo, no me sentía en paz.

Por desgracia, a muchas de nosotras no nos enseñaron a ser conscientes de nosotros mismos cuando éramos jóvenes. Como resultado, a menudo cometemos los mismos errores que nuestros padres, porque carecemos de las herramientas adecuadas para evitar que la historia se repita.

Examinemos primero qué es la autoconciencia.

Según la psicóloga Shelley Duval, *"la autoconciencia es la capacidad de reconocer tus propios sentimientos, comportamientos y características: comprender tu yo cognitivo, físico y emocional"*.

Me gusta pensar en la conciencia como el acto de prestar atención y ser honesto con uno mismo.

Con autoconciencia, puedes tomar decisiones más intencionadas. La lógica de la autoconciencia es sencilla. Cuanto más consciente seas de tu ser, más probable es que te comportes de forma coherente con lo que quieres ser. Es más probable que estés feliz con la forma en que interactúas con las personas de tu vida: tus hijos, tu pareja y tus amigos.

Ahora que ya sabes qué es la autoconciencia, permíteme preguntarte:

¿Has explorado hoy tu conciencia? ¿Te apetece explorarla mañana?

Puede que aún no lo sepas, pero la autoconciencia es una poderosa herramienta de control de la ira que puede cambiar tu vida.

Si eres más consciente de tu ser, podrás comunicarte mejor con tus hijos. Las madres sin autoconciencia pueden quedar atrapadas en sus emociones cuando se supone que deberían estar presentes con sus hijos. También es posible que no sepan cuándo están reviviendo la misma experiencia que tuvieron con sus padres. Sin saberlo, repetirán los mismos patrones de su infancia.

A veces, la autoconciencia implica saber que no tienes capacidad para hacer ciertas cosas, y, cuando sabes esto, puedes centrarte en otras cosas que sí eres capaz de hacer.

2. Reconocimiento de la autoconciencia

¿Cómo se toma conciencia de uno mismo? ¿Cómo puedes reconocer si has tomado conciencia sobre tu ser?

En mi caso, hasta hace pocos años no pude reconocer mi autoconciencia. Estaba compaginando las tareas de ser madre y trabajar a tiempo completo. Aunque había pasado algún tiempo identificando mis puntos fuertes y débiles como madre, no sabía lo que era la autoconciencia. Hasta que tuve que navegar entre mis emociones y las situaciones que las provocaban, llegué a la conclusión de que necesitaba ser más consciente de mí misma.

Empecé a reconocer cuándo y por qué me sentía siempre frustrada, triste y enojada. Este conocimiento me ayudó a confiar en mí misma para utilizar estrategias saludables cuando me enfrentaba a emociones fuertes y abrumadoras.

Sé que no estoy sola. Muchas madres también expresan sus emociones impulsivamente y no se dan cuenta de por qué están llenas de ira o inconformidad. Sin embargo, si queremos darle la vuelta a la situación, tenemos que reconocer la importancia de reconocer nuestras emociones, incluso a posteriori. El problema es que a menudo olvidamos por qué nos sentimos así en primer lugar, lo que dificulta encontrar estrategias que funcionen.

3. Fundamentos de la crianza consciente

Como madre con un trabajo a tiempo completo que me absorbe gran parte del día, suelo tener la sensación de no tener energía al final de la jornada. Es difícil atender a mi familia como me gustaría. Después de lidiar con las exigencias del trabajo, mi único deseo es llegar a casa y descansar.

Sin embargo, la realidad es que la vida en casa también puede ser estresante. Incluso puede ser más abrumadora que la vida en el trabajo. Por desgracia, nuestros hijos son los que padecen nuestro estrés.

Si esta es una situación similar a la tuya, ¿cómo podemos asegurarnos de que nuestro día estresante no afecte a nuestros hijos? ¿Cómo podemos evitar que nuestro mal humor afecte a nuestros hijos? La respuesta puede estar en la crianza consciente.

Cuando oyes o lees la palabra "conciencia", ¿qué es lo primero que te viene a la mente? ¿Te suena a estar presente? ¿Alerta? ¿O en estado de plena vigilia?

Si es así, ya estás más familiarizado con lo que implica la "crianza consciente" de lo que crees.

Según el experto en crianza consciente Eric Morrison, de la Universidad de Columbia, *"la crianza consciente es un enfoque de crianza centrado en los padres y basado en la conexión. y tiene como objetivo desarrollar un vínculo fuerte y autentico con los hijos con ayuda de la autoconciencia".*

La crianza consciente sugiere que, en lugar de esforzarte por "arreglar" a tu hijo, deberías más bien mirar hacia dentro. Si practicas la crianza consciente, ves a tus hijos como seres independientes que pueden enseñarte a ser más consciente de ti mismo, aunque todavía estén creciendo y desarrollándose. Además, al ser una madre consciente, eres intencional con las decisiones de crianza que tomas.

Puede que te preguntes por qué tienes que empezar por tu propio comportamiento cuando son *tus hijos* los que se portan mal. En primer lugar, debes reconocer que tu experiencia de vida dicta por qué y cómo haces las cosas que haces, especialmente cuando se trata de criar a tus hijos.

Como mencioné en los capítulos anteriores, muchos de nosotros repetimos los patrones que aprendimos de nuestros padres. Lo que es aún más inquietante es que los traumas de nuestra infancia influyen en nuestro proceso de toma de decisiones sin que nos demos cuenta.

La crianza consciente: el camino para ser mejores madres

Al ejercer una crianza consciente, has trabajado para enfrentarte a tus miedos y has renunciado a las expectativas superficiales para tus hijos. Te has dado cuenta de que tus hijos no están aquí para satisfacer tus necesidades y no pueden quitarte el dolor.

Ya sabes cómo te han condicionado las experiencias de tu infancia y tu cultura, y no necesitas imponérselas a tus hijos. En lugar de eso, permites que tus hijos sean auténticos deshaciéndote de esas ideas preconcebidas.

Cuando eres una madre o un padre consciente, debes permitir que tus hijos descubran el mundo por sí mismos y saquen sus propias conclusiones. No intentes tener siempre el control.

Eres un modelo para tus hijos. ¿Por qué ibas a permitirles que descubrieran el mundo por sí mismos? ¿No suena contradictorio?

No, no lo es. Significa que tienes que ser consciente de cómo les presentas el mundo a tus hijos. Aunque ellos aprendan todo sobre el mundo a través de ti, los ayudaría que dieras un paso atrás y les permitieras sacar sus propias conclusiones. Aunque su proceso no tenga sentido para ti o creas que puedes ayudarlos a "pintar un cuadro mejor". Permíteles que experimenten por sí mismos.

No necesitas ser la madre perfecta. Por supuesto, es difícil no cometer errores. Pero, como mínimo, tienes que ser consciente de ti, de tus palabras y de tu comportamiento hacia tus hijos. Tienes que hacer todo lo posible por no transferirles tus expectativas, problemas y angustias personales. Sin duda transferirás accidentalmente algún bagaje mental. Sin embargo, sé consciente de cuándo lo haces. Reflexiona y modifica tus acciones.

Pero ¿por qué una crianza consciente? ¿Es realmente útil?

¿Alguna vez has dicho algo y te has dado cuenta de que sonabas exactamente igual que tu madre o tu padre, en el mal sentido? Esa es una muy buena razón para que empieces a practicar la crianza consciente. Si, mientras crecías, tus padres permitieron que sus propios problemas, miedos y condicionamientos negativos interfirieran en su estilo de crianza, tú no deberías permitir que ese fuera el caso en tu relación con tus hijos.

Muchos padres han descargado inconscientemente sus experiencias pasadas en sus hijos, lo que ha convertido su relación con ellos en un infierno. Esa era mi situación hasta que empecé un viaje de autodescubrimiento. Develé mis patrones negativos y fui más consciente de la razón por la que hacía ciertas cosas. Ahora me doy cuenta de cuándo transfiero mis problemas a mi hijo. Cuando esto ocurre, me reagrupo internamente de inmediato y corrijo el error.

A medida que practiques este enfoque, te darás cuenta de que te pones menos a la defensiva y reaccionas menos que antes. Empezarás a ver las cosas de forma más objetiva, creando espacio para mejores respuestas en lugar de una apresurada y dura reacción emocional.

Por supuesto, lleva tiempo convertirse en una madre consciente. Sin embargo, con la práctica constante, te detendrás antes de hacer o decir algo que no deberías. Antes de cometer uno de esos errores, te detendrás y pensarás: *"Realmente no quiero herir a mi hijo con palabras tan mezquinas"*. O: *"Debería decir algo útil en lugar de menospreciar a mi hijo"*. Lo que harás será reevaluar las palabras que vas a utilizar para comunicarte.

Debemos establecer límites claros y ser coherentes a la hora de expresarlos. Ejemplos de este tipo de límites son montar en bicicleta con casco, no correr en el estacionamiento y no ver la televisión justo antes de acostarse. Hay que hacer que sean no negociables.

Elementos clave de la crianza consciente

- La crianza consciente implica desprenderse del ego, los condicionamientos personales, los apegos, los deseos y los anhelos.

- La crianza no es un proceso de transmisión unidireccional. Es una relación bidireccional entre padres e hijos.

- En lugar de imponer consecuencias graves por problemas menores, los padres deben crear límites y utilizar el refuerzo positivo desde el principio.

- En lugar de imponer ciertos comportamientos "buenos" a los niños, los padres deben centrarse en corregir sus propios comportamientos. Esto incluye las expectativas, el lenguaje y la autorregulación.

- Los padres no deben dar por sentado que la crianza consiste solo en hacer feliz al niño. Cuando los niños se convierten en adolescentes, se enfrentan a dificultades. Las necesidades de los padres y su personalidad no son tampoco secundarias a las del niño.

- Mostrar aceptación significa que los padres están presentes y participan en cualquier situación que se presente.

Hasta ahora hemos hablado de enfoques de crianza ineficaces. También hemos hablado de cómo la autoconciencia es la clave de una crianza pacífica. En el próximo capítulo, hablaremos de estrategias de crianza más eficientes y exploraremos formas de mantener la calma cuando los niños te pongan a prueba.

CAPÍTULO 9

CÓMO MANTENER LA CALMA CUANDO TU HIJO TE DESAFÍA

"Como los niños crecen, pensamos que el propósito de un niño es crecer. Pero el propósito de un niño es ser niño".
— Tom Stoppard

Las exigencias de la vida son numerosas. Y hay cosas que dejamos para resolver al último momento; compromisos, preocupaciones económicas, salud. La lista es interminable. Mientras luchamos con nuestro propio estrés, nuestros hijos añaden el suyo a la mezcla. Se niegan a despegarse del televisor y a hacer los deberes. Se burlan de sus hermanos y no tocan nada de lo que hay en su plato durante la cena. Casi todos los padres perderían la calma si tuvieran que lidiar con estas situaciones ellos solos.

Solemos enfadarnos cuando los niños no hacen lo que queremos. Empezamos a preocuparnos por no estar haciendo un buen trabajo de crianza. Esta duda surge porque no estamos seguras de qué hacer para tener a nuestros hijos bajo control. Pensar en el futuro nos asusta porque no podemos imaginarnos vivir el resto de nuestras vidas así. Como resultado, aumenta nuestra ansiedad. Una solución eficaz es prepararse con antelación. Ten en cuenta que tus hijos te pondrán nerviosa y que, cuando lo hagan, no debes tomártelo como algo personal. Los niños siempre serán niños y, nuestro trabajo es mantener la calma y guiarlos.

Pero ¿cómo mantener la calma y evitar que la situación empeore? Este capítulo proporcionará estrategias eficaces para ayudarte en la lucha por regular tus emociones. Aprenderás a mantener la calma cuando tus hijos te lleven al límite.

7 consejos útiles para mantener la calma

Eran las 10:00 pm y mi hijo seguía al teléfono. Esto sucedió después de que yo estableciera la norma de que no se utilizarían aparatos electrónicos después de las 9:30 pm. Así que cuando me asomé a su habitación y lo vi al teléfono, le recordé amablemente la norma y le pedí que dejara el teléfono, como habíamos acordado. No me hizo caso. Volví a recordárselo.

Al final, levanté la voz y lo hice parar. Le di las buenas noches y pensé que se había ido a la cama.

Un par de horas más tarde, por si acaso, abrí la puerta en silencio y lo vi mirando YouTube bajo la frazada. Ya era pasada la medianoche. Esto me hizo estallar y me sentí traicionada. Mi hijo me había faltado al respeto. Por supuesto, cualquier madre se enfadaría y perdería la calma si no tuviera cuidado.

Cuando le pedí tranquilamente que parara, me hizo un gesto con la mano para que me fuera. ¡Y se acabó! Me tocó una fibra sensible. Inmediatamente, exploté.

Sabía exactamente qué botón apretar y puso a prueba mi límite hasta que exploté. Por mucho que intenté mantener la calma aquella noche, no pude. Lo intenté, de verdad, pero llegué a mi punto de quiebre.

Esta experiencia se convirtió en una constante, y me recordé a mí misma que, aunque tenía un punto de quiebre (todos lo tenemos), no permitiría que me definiera. En lugar de eso, busqué ayuda y me puse a trabajar en estrategias para mantener la calma incluso cuando mi hijo se portara mal.

¡Y aquí vienen las buenas noticias!

Estas son las mejores estrategias que puedes aplicar cuando tu hijo te saca de quicio. Requieren un poco de práctica, pero con el tiempo conseguirás superar incluso los problemas más graves sin gritar ni frustrarte.

1. Aprende a reconocer cuando te estás enfadando

Aunque seas la madre más calmada del mundo, a veces no podrás evitar que te hagan enojar. Tu hijo te desafiará, tarde o temprano, y eso no te hace una mala madre. Por lo tanto, como no podrás evitar el problema por completo, saber cuándo te estás enfadando podrá reducir la explosión desenfrenada de emociones intensas.

El enfado puede ser difícil de identificar. A veces se esconde. Normalmente no nos damos cuenta de él hasta que hemos llegado al lado oscuro. Sin embargo, si nos detenemos y nos observamos, nos daremos cuenta de cuándo está aumentando el enfado. De este modo, podemos hacer algo rápidamente antes de que nuestras emociones se descontrolen.

Cuando sientas que han presionado tus botones, piensa por qué crees que tú tienes razón y tu hijo no. En otras palabras, no reacciones ante la idea de que tu hijo se equivoca automáticamente.

Algunos signos de enfado son el rechinar de dientes, los temblores, la aceleración del ritmo cardíaco, la ansiedad, la sudoración, el caminar de un lado a otro, sentir irritabilidad, los gritos, etc.

Si eres capaz de reconocer que estás molesta e identificar tus otras emociones, este es el primer paso para comprender tus emociones y mantener la calma.

2. Detente y respira

Este siguiente paso es válido incluso cuando te has equivocado de camino y ya estás gritando. Reconocerás la ira apoderándose de ti. No dejes que te domine por completo. Detente. Trata el sentimiento como una luz roja. Cuando aparezca, tendrás que parar inmediatamente. Este sentimiento debe servirte de señal de PARE.

Inmediatamente después de que aparezca la señal, deja todo lo que estés haciendo y cierra la boca, aunque estés en medio de una frase. Puedes incluso repetir un mantra como *"todo irá bien"*, *"esta vez puedo manejarlo mejor"*, *"puedo ser una madre serena"* o *"soy una madre cariñosa, no una madre enfadada"*. Mientras recitas el mantra, sigue respirando lentamente hasta que sientas que la calma fluye dentro de ti. Este sencillo ejercicio te dará una pequeña pausa entre la acción y el pensamiento, permitiéndote elegir sabiamente.

No debes avergonzarte de hacer esto. Solo estás poniendo en práctica una buena técnica de control de la ira, así que guarda la sensación de incomodidad para cuando se produzca la rabieta de tu hijo.

3. Cuenta hasta cinco

Esta es otra estrategia que nos obliga a esperar para abordar el tema con nuestros hijos, aunque sea cinco segundos, en lugar de hacerlo mientras aún están en la cumbre de su enojo. Mantener la calma ante la adversidad nos permitirá volver a centrarnos para poder hablar razonablemente con nuestros hijos.

Conviene que te familiarices con la estrategia de contar hasta 5 antes de reaccionar. Este enfoque hace hincapié en dos elementos de la gestión de la ira: el tiempo y la distracción. Mientras estás ocupado contando, te distraes para no echar más leña al fuego de tu ira. Además, la respiración contrarresta el pánico que subyace a la ira. Esta práctica debería aportarte una sensación de relajación a medida que aprendes a controlar tus impulsos iniciales y te ayuda a ser más consciente de ti mismo.

Cuenta del 1 al 5 y respira hondo. No cuentes deprisa, cuenta despacio. El propósito de contar es darte un poco de espacio para separarte de la situación. Mientras cuentas, no permitas que tus pensamientos te distraigan. Concéntrate en tu respiración mientras inhalas y exhalas. En unos segundos te sentirás mejor.

4. Escucha cómo responde tu cuerpo

Escuchar a tu cuerpo significa tener en cuenta las respuestas del cuerpo en una situación determinada. En los días malos, a menudo sentimos rigidez, dolores o molestias y asumimos que estas dolencias son aleatorias. Tal vez pienses que simplemente estás envejeciendo. Tal vez pienses que es genético o que estás destinado a sentirte así. Luego, en los días buenos, rebosas de energía y supones que es tu día de suerte.

Pues bien, la suerte no tiene nada que ver.

No se trata de disimular tu enojo al escuchar cómo responde tu cuerpo en una situación de estrés. Pero sí de *resistirte* a actuar cuando sientes rabia. Puedes hacerlo notando la ira en ti. Siente la sensación de ahogo en la garganta y la opresión en el vientre. Date cuenta de que aprietas los puños o de lo rápido que se acelera tu corazón. Nota cómo se te tensan los hombros y tu respiración repentinamente superficial.

Observa este tipo de respuestas corporales. Esto te ayudará a controlar tu ira más rápidamente y te permitirá mantener la calma.

5. Cambia tu modo de pensar

Cambiar tu modo de pensar es una forma eficaz de reducir tu ira y mantener la calma. Si sigues pensando negativamente sobre situaciones, personas y acontecimientos, puedes dejarte atrapar fácilmente por emociones abrumadoras. Es menos probable que experimentes ira cuando cambias estos pensamientos.

Nuestros patrones de pensamiento son habituales, pero podemos sustituir nuestros pensamientos negativos por otros positivos con un poco de autoconciencia y práctica. Tenemos que reformular nuestros pensamientos sobre determinadas situaciones para poder experimentar sentimientos diferentes. Por ejemplo, si crees que tienes que castigar duramente a tu hijo, solo conseguirás enojarte más. En lugar de eso, recuérdate que estás tratando con un niño que se comporta como acorde a su edad.

Comprende que tu hijo necesita tu amor, especialmente cuando no se comporta como si lo mereciera. Debes estar dispuesta a alejarte de la ira.

6. Empatiza

Empatizar es comprender la experiencia de otra persona hasta el punto de imaginarse viviendo la misma experiencia. Al empatizar, demuestras comprensión y amabilidad. Comprender las experiencias, necesidades y sentimientos de tu hijo te ayudará en la relación con él.

Empieza a escuchar sus sentimientos e intenta ver las cosas desde su punto de vista. Como adultos, tendemos a centrarnos solo en su perspectiva adulta. Pero recuerda que tienes a un pequeño ser humano que algún día se convertirá en adulto. Ahora es solo un niño. Ponte en su lugar y piensa en alguna ocasión en la que hubieras deseado que tus padres hubieran reaccionado de otra manera cuando te enojaste. Cuando te hubiera gustado que tu madre te escuchara. Quizá hubieras deseado que te hubiera expresado su amor diciéndote que te comprendía.

Cuando manifiestas empatía hacia tu hijo, también lo ayudas a sentirse mejor consigo mismo. Le recuerdas que no está solo con sus problemas y que estás ahí para compartir sus sentimientos, pensamientos y emociones.

7. ¡Practica, practica y practica!

Tengo que ser sincera contigo. Mantener la calma es una de las cosas más difíciles que puede hacer cualquier madre, padre o persona en general. Si eres de las que pierden los estribos con facilidad, será aún más difícil, porque supone enseñarle a tu cerebro una nueva forma de disciplina.

Este proceso requiere mucha práctica. La buena noticia es que cada vez que resistes el impulso de actuar con ira, reconfiguras tu cerebro. Esto hace que controlar tu ira sea cada vez más fácil con cada intento.

A veces perderás la calma igual, pero si sigues practicando tomarás conciencia de tus emociones y te tratarás con compasión, y te resultará más fácil mantener la calma cuando tu hijo se porte mal. O puede que notes que ya casi nunca pierdes la cordura. Sin duda, tus hijos seguirán haciendo travesuras de vez en cuando y comportándose como niños, ya que son niños. Pero reaccionarás con más amor y menos dramatismo.

Cómo aprender a ser una madre serena

Controlar tus emociones y reacciones y convertirte en una madre serena puede parecer descabellado, sobre todo cuando tus hijos se portan mal. Pero ¿cómo puedes mantener la calma cuando tu hijo te contesta, te grita, da un portazo o tira cosas? Es muy fácil que tu autocontrol se dispare en cuestión de segundos cuando te enfrentas a un comportamiento así.

Como madre, te preocupan muchas cosas: la seguridad de tus hijos, su éxito escolar, su salud, la influencia de sus amigos, los acosadores... y la lista es interminable. Como madre, haces todo lo que puedes para criar a un niño sano y con éxito, ¿y qué obtienes a cambio? Tu hijo se comporta como si fueras su peor enemiga. Situaciones como esta pueden hacer que cualquier madre se sienta abrumada. A veces, incluso puedes empezar a renunciar a la idea de una vida feliz, porque parece que tu sueño de una crianza pacífica nunca se hará realidad.

¿Qué puedes hacer entonces? ¿Cómo puedes ser una madre serena? Estás un paso más cerca de la respuesta. Las siguientes estrategias te ayudarán a ser una madre serena incluso en los momentos difíciles.

Estas estrategias no se centran solo en el comportamiento superficial, sino que abordan las emociones subyacentes.

1. Regula tus emociones

A veces, puede parecer que nuestras emociones surgen de la nada, sumándose al cansancio que ya sentimos como madres. En esos momentos, regular nuestras emociones puede resultar difícil.

Hay dos maneras de responder a nuestras emociones: actuar en base a ellas o reprimirlas. Si actúas cuando experimentas emociones fuertes como la ira, puedes crear fácilmente consecuencias desfavorables para la relación con tu hijo. Actuar en base a la ira puede provocar emociones aún más intensas y dar lugar a más problemas.

No obstante, reprimir las emociones es aún más peligroso, porque por mucho que intentes contenerlas acabarán saliendo y causando más daño. Por eso es importante aprender a gestionar las emociones.

Para llevar una crianza serena, tienes que aprender a responder con calma a las situaciones en lugar de reaccionar de forma exagerada. Aprender este proceso puede llevar tiempo, dependiendo de tu personalidad y antecedentes familiares. Sin embargo, recuerda que eres humano y puedes aprender cualquier cosa.

El cerebro humano no es una cosa estática. Produce estímulos que siguen moldeando la química del cerebro. Meditando, escribiendo en un diario y haciendo ejercicio, el cerebro puede remodelarse. Saber qué es lo que te irrita puede ayudarte a responder de otra manera.

2. Vincúlate con tu hijo

Jugar con tu hijo puede parecer imposible con todas las ocupaciones que tienes y te sientes cansado al final del día. Sin embargo, debes tener en cuenta que la conexión con tu hijo es lo que hace que la crianza sea divertida y merezca la pena. Imagina la hermosa sonrisa en la cara de tu hijo cuando siente que lo quieres. ¿No te gustaría experimentar esa alegría?

Muchas madres no comparten la misma idea de diversión que sus hijos. Por ejemplo, a tu hijo le puede gustar bailar, y, como tú no sabes bailar, quieres evitarlo. Si como madre quieres vincularte con tus hijos tienes que encontrar formas de relacionarte con ellos. Eso puede significar bailar y divertirte con ellos mientras lo haces.

El vínculo también es importante para los niños que quieren hacer lo que sus padres esperan y están abiertos a aprender de ellos. Es una buena sensación para nuestros hijos saber que sus padres están orgullosos de ellos. Tener una experiencia familiar positiva también los ayudará a establecer relaciones sanas con los demás a medida que crecen.

Asegúrate de dedicar tiempo cada día a jugar y vincularte con tu hijo. Permítele descargar todas las emociones que pueda albergar, porque habrá momentos en que sus emociones podrán sentirse tan abrumadoras que solo querrá llorar y desahogarse. Cuando estés con tu hijo, sé más consciente de ti mismo y céntrate en la experiencia. Pospón llamar a alguien o chatear en las redes sociales; mantente presente en el momento para los dos.

3. Entrenamiento emocional

¿Cómo puede tu hijo aprender a hacerlo mejor si a ti te cuesta regular tus emociones? No olvides que tu hijo te admira y refleja tus acciones. Preséntale el concepto del entrenamiento emocional. Así aprenderá que algunos comportamientos son inaceptables, por más que sentir emociones forme parte de ser humano.

Por ejemplo, está bien sentirse enojado, pero no es apropiado expresar o mostrar el enojo pateando cosas, gritando o dando puñetazos a la pared. Debes instruir a tu hijo sobre la forma correcta de gestionar las emociones. Alértalo en los momentos en que no regule sus emociones, como cuando tire algo, le pegue a alguien o grite si necesita algo.

Los niños no saben cómo manejar y procesar sus emociones. Cuando se sienten amenazados, pueden atacar con facilidad. De ti depende enseñarles. Sé su modelo de comportamiento, porque tú eres quien debe entrenar sus emociones. De este modo, les enseñarás lo que está bien y lo que está mal.

CAPÍTULO 10

ESTRATEGIAS PARA CONTROLAR LA IRA EN EL DÍA A DÍA

"La ira no resuelve nada. No construye nada, pero puede destruirlo todo".
— Lawrence Douglas Wilder

Aunque las situaciones cargadas de ira a las que nos enfrentamos a diario con nuestros hijos pueden no ser graves, son suficientes para irritarnos.

Supongamos que estás a dieta. Sería prudente calcular las calorías de tus alimentos y comer menos carbohidratos, ya que te hacen ganar peso. Lo que estás haciendo aquí es elegir intencionadamente qué comer y qué no. Significa que estás pensando en tu situación y buscando una salida. Puede que no siempre lo consigas, pero tu dieta es más eficaz cuando lo haces intencionadamente.

Lo mismo ocurre con la crianza de los hijos. Si sabes qué hacer y qué no hacer en determinadas situaciones, puedes evitar enojarte demasiado. Puede que esta estrategia no *siempre* sea eficaz, pero ayudará a evitar que la situación empeore.

En este capítulo, damos un paso más en nuestro camino hacia una crianza serena. Analizaremos ocho situaciones habituales de enojo para que tengas una idea clara de qué hacer en cada una de ellas. Encontrarás consejos sobre qué hacer y qué no hacer para gestionar cada tipo de situación. Este es un capítulo importante al que quiero que prestes especial atención, porque combina experiencias cotidianas con ejemplos prácticos.

¡Empecemos!

Tu hijo te lleva la contra

Todos sabemos lo molesto que puede ser que nuestros hijos nos lleven la contra. Cuando sucede, sentimos alarma inmediata: ¡nuestros hijos no pueden hablarnos de esa manera! Este sentimiento es como una bola de fuego que consume nuestros corazones. Las emociones pueden ser insoportables, lo que hace que sea fácil perder la calma y reaccionar exageradamente cuando ocurre.

Es importante tener claro cuál es un nivel aceptable de enojo. Establece límites sobre cuán alto puede llegar ese nivel de enojo. Hazlo para que no magnifiques la situación. Si reaccionas exageradamente, le estás otorgando a tu hijo más poder del que debería tener. En la crianza, necesitas hacer que tus hijos sigan las reglas, no enfocar te en que acepten la lógica de tus decisiones.

Ejemplo 1:

Niño: *"¿Puedo quedarme despierto hasta las 10:00 p. m. esta noche?"*.

Madre: *"No, recuerda que mañana debes madrugar para ir al entrenamiento de fútbol"*.

Niño: *"¿Y eso qué importa? No necesito dormir mucho"*.

Si has tenido una conversación similar, sabes que es difícil no responder a tu hijo con enojo cuando te lleva la contra. Sin embargo, detente antes de permitir que tu enojo se apodere de ti. Si sigues hablando con él, verás que simplemente necesitas explicar tu posición.

Qué hacer:

- **Mantén la calma** en lugar de reaccionar de forma exagerada.

- **Presta atención** a tu comunicación no verbal. Esto puede ayudarte a disimular tu disgusto, por ejemplo, no cambies tu expresión facial.

- **Aborda el problema** con tu hijo con claridad. Establece normas para la próxima vez.

- **Evita razonar** con tu hijo en el calor del momento. Eso no le hará entender tus motivos.

Qué no hacer:

- **No** le grites a tu hijo.

- **No** le digas cosas hirientes como *"eres un mal niño"* o *"no tienes remedio"*.

- **No** lo castigues ni le impongas consecuencias demasiado severas.

2. Falta de respeto

Todas queremos que nuestros hijos nos traten a nosotras y a los demás con amabilidad. Queremos que aprendan a comunicarnos sus sentimientos sin faltarnos el respeto.

Sin embargo, en el calor del momento, los niños pueden empezar a gritar, discutir, protestar, ignorar, insultar y rechazar nuestras peticiones. Este tipo de comportamiento es una llamada de atención para todos los padres. Tenemos que controlar cualquier situación que fomente este mal comportamiento. También tenemos que poner mejores límites a nuestros hijos.

Ejemplo 1:

Madre: *"Se está haciendo tarde. Vámonos a casa"*.

Niño: *"¡No! ¡Quiero quedarme en el parque! Eres una mamá muy aburrida. Nunca me dejas hacer cosas divertidas"*.

Madre: *"¿Cómo te atreves a hablarme así?"*.

Niño: *"¡Yo no te importo! ¡Eres muy mala!"*.

Tu hijo te habla así después de que le avisaras con 5 minutos de antelación que pronto debían irse y suponías que todo iría bien. Sin embargo, tu hijo decide faltarte el respeto. Tu enojo aumenta y pronto estás furiosa.

Ejemplo 2:

Madre: *"No te olvides de guardar la ropa".*

Niño: *"Sí, 'señor presidente'".*

Madre: *"¿Por qué me llamas así? ¿Pasa algo?".*

Niño: *"¡No sé de qué me estás hablando!".*

Madre: *"No me gusta que seas sarcástico e irrespetuoso. Por favor, háblame con propiedad".*

Niño: *"Sí, claro" (sarcásticamente).*

Esta última respuesta es una falta de respeto. Por supuesto, sentirás molestia y frustración cuando esto ocurra, pero no debes mostrar inmediatamente tu disgusto.

Qué hacer:

- No te tomes el comportamiento como algo personal, ya que quien está en falta es él, no tú. En lugar de eso, permítete sentir rabia y dolor (pero no en exceso), y sé directo y claro con tu hijo.

- Utiliza frases del tipo "cuándo/entonces" para reformular las peticiones de forma positiva. Utilízalas para informar a tu hijo de lo que ocurrirá cuando cambie su comportamiento. Por ejemplo, puedes decir: *"Podrás salir a jugar con tus amigos después de recoger todos tus juguetes del suelo".* O: *"Si puedes esperar a que termine de hablar por teléfono, te contestaré".*

- Aplica una consecuencia apropiada. Cuando tu hijo te insulte o te dé la espalda después de haberle dicho que no lo hiciera, ten en cuenta su edad y determina la consecuencia. No le impongas consecuencias demasiado duras para su edad o que no le importen.

- Evita las luchas de poder. Si tu hijo te ha faltado el respeto en el pasado, volverá a hacerlo. Ya que lo sabes, anticípate y prepárate para la próxima vez que amenace con suceder.

- Utiliza la restitución para disuadirlo de que vuelva a faltarte el respeto. Por ejemplo, un hijo adolescente debe pagar o arreglar cualquier cosa que haya roto por ira, o hacer tareas del hogar durante una semana después de haberte faltado al respeto.

Qué no hacer:

- No le grites a tu hijo.

- No lo castigues ni le impongas consecuencias graves.

- No le des largos sermones.

3. Berrinches a la hora de comer

Esto es común entre los niños más pequeños y, de hecho, es una parte saludable de su desarrollo. No te preocupes. La frecuencia disminuye a medida que crecen. Sin embargo, si tu hijo sufre muchas crisis extremas que afectan su vida diaria, necesita ayuda.

Ejemplo 1:

Niño: *"¡No quiero comer esta cosa verde! Odio los espárragos. Quiero papas fritas".*

Madre: *"Hay que comer verduras. Los espárragos son muy saludables".*

Entonces el niño tira la comida de la mesa al suelo, gritándole a la mamá que quiere papas fritas.

Ejemplo 2:

Niño: *"¡Quiero sentarme en la misma silla que usas tú!".*

Madre: *"No, no puedes hacer eso. Tienes que usar la silla alta para niños. Es más segura para ti".*

El niño se pone a llorar y la cena resulta terrible.

Qué hacer:

- Sé paciente. No reacciones demasiado rápido cuando te enojes. La precipitación no ayuda.

- Crea un ambiente alegre en la mesa. Puedes hacerlo si permites un juego moderado durante las comidas. Por ejemplo, cuando sirvas zanahorias y judías verdes, pregúntale a tu hijo cuál cruje más fuerte. Así aumentará su inteligencia sensorial. Permítele explorar, sentir, oler y tocar la comida. Aunque se ensucie, este tipo de juegos es una buena forma de aprender y divertirse, sobre todo para los niños que son selectivos con la comida.

- Acepta comportamientos adecuados a su edad. Ya conoces a tu hijo. Si se comporta mal, puede significar que está cansado o que no se encuentra bien. En lugar de reaccionar con dureza, dale un respiro con una siesta o un rato de silencio. Si notas que solo quiere ponerte a prueba, corrígelo inmediatamente.

- Recuérdale las normas que has establecido, siendo claro con lo que debe y no debe hacer a la hora de comer. Hazle saber que harás cumplir las reglas. Por ejemplo: *"Si vuelves a gritar, tendrás que levantarte de la mesa"*.

Qué no hacer:

- No tengas expectativas poco realistas. En lugar de eso, conoce lo que tu hijo puede hacer a su edad y no esperes que crezca de la noche a la mañana.

- No lo obligues a comer cuando no tiene hambre. Como los niños pequeños no pueden decir verbalmente cuándo tienen hambre o están llenos, no sabrás si necesitan comer más de lo que ya han comido.

4. Distracciones al seguir instrucciones

A veces los niños se interesan más en lo que quieren hacer que en lo que tú quieres que hagan. Puede que se entretengan haciendo cosas como jugar con la cuchara antes de comer, mirar un bicho interesante cuando se supone que tienen que entrar en el coche o salpicar agua en el fregadero antes de lavarse los dientes. En esos momentos, en lugar de enzarzarte en una pelea, elige ser un modelo para tus hijos.

Ejemplo 1:

Supongamos que has hecho una reserva para cenar a las 7:00 pm. Te apresuras a salir de casa para llegar a tiempo, pero descubres que tu hijo aún no se ha vestido, a pesar de que le dijiste que lo hiciera hace una hora. Esta misma situación puede darse también los días de colegio.

Qué hacer:

- Dale a tu hijo instrucciones concretas, paso a paso. Por ejemplo, en lugar de preguntarle *"¿estás listo para salir?"*, dile *"ponte la ropa y sube al coche ahora"*. También puedes decirle *"ponte los calcetines y ven a desayunar"*. De este modo, tendrá claro qué es exactamente lo que tiene que hacer.

- Dale a tu hijo un incentivo para que termine. Por ejemplo: *"Si te metes ahora en el coche, podrás seguir jugando cuando vuelvas a casa..."*.

Qué no hacer:

- No apures demasiado a tu hijo. Utiliza las órdenes como *"vamos"* o *"deprisa"* con moderación.

- No envíes señales contradictorias preguntándole repetidamente a tu hijo *"¿listo?"* mientras ves videos en YouTube o navegas por las redes sociales. Tu hijo puede sentirse confundido si le dices *"deprisa"* a la vez que te entretienes con otra cosa. Eso demuestra que no estás preparado para salir de casa rápidamente.

5. Agresión y violencia

Algunos niños que no saben expresarse mejor suelen recurrir a la agresividad y la violencia para afrontar los problemas. Es posible que se pongan violentos cuando están decepcionados, frustrados o enfadados, ya que actuar así parece funcionarles. Desgraciadamente, portarse mal a veces les da lo que quieren, y lo hacen para ganar poder en casa.

El niño violento no acepta un *"no"* por respuesta y se siente impotente y frustrado cuando lo oye. Así que golpea algo o incluso a alguien.

Ejemplo 1:

Dos hermanos están jugando con sus autitos de juguete. El mayor le pega al pequeño porque quiere jugar con el auto azul que este tiene en la mano. Este acto de agresión puede ser perturbador para cualquier madre.

Qué hacer:

- Responde inmediatamente, pídele al hermano violento que pare, con voz firme. A continuación, toma al niño por las manos y míralo a los ojos. Pregúntale con calma: *"Eso duele, ¿te das cuenta?"*.

- Si hay demasiada tensión en la habitación, puedes dejar al niño solo hasta que se calme.

Qué no hacer:

- No respondas con voz tímida. Habla con firmeza para demostrar que la cosa va en serio y que su comportamiento no es aceptable.

- No le des un sermón largo. Sé concisa.

- No le pegues ni nalguees a tu hijo. Da un buen ejemplo.

6. Mentiras

Descubrir a tu hijo mintiendo puede generarte sentimientos de traición, enojo y frustración. Aunque mentir es un comportamiento normal en los niños, hay que abordarlo.

No es una cuestión de inmoralidad ni un defecto de carácter. Un niño aprende a mentir a partir de los tres años, porque es entonces cuando descubre que no le lees la mente. A medida que los niños crecen (de 4 a 6 años), aprenden a mentir mejor. Rara vez quedarán en evidencia, porque ahora tienen más vocabulario y entienden mejor cómo piensa la gente. Saben adaptar sus mentiras a su tono de voz y expresiones faciales. También aprenden a mentir para no herir los sentimientos de los demás.

Ejemplo 1:

Puedes recibir una llamada del profesor de tu hijo y enterarte de que ha faltado a varios exámenes en el colegio. Cuando te enfrentas a él, alega un error del profesor. Pero tú te das cuenta de que tu hijo te ha mentido también sobre otras cosas en los últimos días. Por ejemplo, ha mentido sobre sus deberes, sobre lavarse los dientes antes de ir al colegio y sobre no pegarles a sus hermanos.

Qué hacer:

- Céntrate en buscar soluciones en lugar de culparlo. Ya que ha faltado a varios exámenes, deberías centrarte en encontrar la manera de que pueda recuperarlos. ¿Cómo puedes asegurarte de que se cepilla los dientes antes de ir al colegio?

- Establece expectativas razonables si tu hijo miente sobre haber terminado de realizar sus tareas domésticas. Trata de entender que quizá llegó tarde a casa después de la práctica de fútbol y que, si cumpliera con todas sus tareas domésticas, acabaría agotado y solo querría dormir. En esos días, hacer todas sus tareas puede ser imposible para él.

- Alienta a tu hijo a decir la verdad. Siéntate con él y mantén una conversación sobre las desventajas de mentir y las ventajas de decir la verdad. Puedes decirle: *"¿Cómo crees que se sentiría el abuelo si yo le mintiera?"*. O: *¿Cómo te sentirías tú si yo te engañara?"*.

Qué no hacer:

- Deja de hacer preguntas que inviten a tus hijos a mentir. Por ejemplo, imagina que te das cuenta de que tu hija lleva pintalabios rojo y el tocador está desordenado. Si le preguntas *"¿has usado mi pintalabios?"* es más probable que lo niegue. Es mejor decirle directamente: *"Veo que te pintaste los labios de rojo"*.

7. Peleas entre hermanos

Todos los niños se pelean, independientemente de lo unidos que sean. Aunque sean los mejores amigos, a veces se pelearán. Los hermanos pueden molestarse entre sí, pero si tus hijos se pelean constantemente, puede que sientas que no puedes evitar gritar. Los niños se molestan mutuamente, se burlan del otro y pelean entre ellos, lo que puede volver loca a cualquier madre.

Ejemplo 1:

Niño 1: *"¡Mamá! ¡Ella me acaba de llamar estúpido!"*.

Niña 2: *"¡Mentiroso! No te llamé así"*.

Niño 1: *"¡Lo ha hecho! Mamá, ¡siempre lo hace! Pero tú no te das cuenta"*.

Niña 2: *"Eres un bebé. ¡Mocoso malcriado!"*.

Niño 1: *"No voy a jugar más contigo. ¡Te odio!"*.

Qué hacer:

- Identifica y resuelve el problema separando a los niños. Escucha la versión de cada uno para encontrar una solución que les convenga a los dos.

- Enseña a tus hijos a hablar, negociar y llegar a acuerdos entre ellos.

- Cuando están enfadados, los niños tienden a utilizar palabras duras. Es tu deber enseñarles a hablar y actuar adecuadamente cuando están enfadados.

- Elogia sus buenos comportamientos diciéndoles: *"Me gusta cómo tú y tu hermano se turnan en el tobogán"*. O: *"¡Vaya! Los dos juegan juntos y comparten los juguetes, qué bien"*.

- Puedes recompensar su comportamiento con golosinas y decir algo como: *"Como resolvieron bien el problema, esta noche lo celebraremos con un helado"*.

Qué no hacer:

- No tengas un hijo favorito. Hacen falta dos para bailar el tango, así que no puedes culpar a un hijo y dejar de lado al otro. Por ejemplo, no le digas a uno: *"¿Por qué siempre perturbas la paz de tu hermano?"*. Si tienes un hijo favorito, el otro puede sentirse desatendido y podría terminar maltratando a su hermano. Esto solo puede fomentar la rivalidad entre hermanos, así que sé siempre justo.

- No des por sentado que no puedes hacer nada para resolver la situación. Cuando haya un conflicto grave, intervén y anima a tus hijos a comunicarse. Escúchalos y sepáralos para que se calmen si surge la necesidad. Cuando haya golpes, detenlos inmediatamente y exige una disculpa. Hazles entender que las agresiones físicas no están permitidas. Aplica consecuencias como la pérdida de privilegios, las tareas extra o un período de tiempo de castigo.

8. Actitud dominante

¿No te daría vergüenza oír a la gente describir a tus hijos como mandones? Aunque esta descripción no sea halagadora, puede que no esté lejos de la verdad. Si tu hijo es de los que les dicen a los demás lo que tienen que hacer todo el tiempo, debes actuar con rapidez.

Ejemplo 1:

Un niño con una personalidad dominante puede entrar en conflicto con amigos y familiares. Aunque su comportamiento pueda indicar grandes dotes de liderazgo que más adelante podrían dar fruto, la conducta puede parecer mandona si llega al extremo.

Qué hacer:

- Escucha a tu hijo. Sí, has leído bien. A pesar de ser mandón, tu hijo necesita que lo escuches porque necesita hablar de por qué se ha mostrado demasiado firme. Puede que su intención no fuera causar problemas, puede ser su forma de hacer que otros niños sigan las normas. Escuchándolo, puedes enseñarle a comunicar sus emociones de forma amable y educada.

- Ayúdalo a entender qué es la empatía. Ya hablamos de lo que significa la empatía en el capítulo anterior. Como es posible que tu hijo no sepa que se está portando mal, puedes alentarlo a ser empático. Enséñale que puede pensar en los demás niños y en cómo sus acciones y palabras pueden afectar a la gente. Hazle saber el impacto de sus acciones y lo que pasará si sigue comportándose así.

Qué no hacer:

- Nunca le digas a tu hijo que es "mandón". No tienes que decirle que sus amigos lo evitan por cómo es, porque eso afectará su confianza. En lugar de eso, enséñale que tener un carácter fuerte y ser asertivo son características estupendas si se expresan de la forma adecuada.

- No ignores el comportamiento de tu hijo, pensando que su actitud excesivamente dominante se resolverá por sí sola cuando crezca. Recuerda que tú eres su modelo y su guía. Es tu deber enseñarle lo que está bien y lo que está mal.

- Hazle saber que ser mandón lastima los demás, por lo que debe dejar de comportarse así.

En conclusión, estas ocho estrategias solo son beneficiosas si se usan bien. Si observas que tu hijo sigue portándose mal, quizá debas consultar con un médico. A veces el mal comportamiento de los niños es señal de un problema de salud subyacente.

PARTE 4

ADIÓS A SER UNA MADRE ENOJADA

CAPÍTULO 11

LISTA DE PASOS PARA SER MADRES MENOS ENOJADAS

"El autocuidado no es autoindulgencia, es autopreservación, y eso una declaración política de guerra".
— Audre Lorde

Como madres, tenemos las mismas necesidades que nuestros hijos. Por ejemplo, necesitamos tiempo con nuestros amigos, necesitamos tiempo para dedicarnos a actividades que nos gustan y, sobre todo, necesitamos tiempo para cuidar de nosotros mismos.

Quizá te preguntes: *"¿Qué tiene que ver el autocuidado con ser una madre menos enojada?"*. La verdad es que, por mucho que quieras a tus hijos, la crianza puede resultar muy estresante. Cuando uno experimenta constantemente altos niveles de estrés, es fácil ponerse tenso, impaciente, y enojarse. Este estilo de vida puede afectar tus patrones de alimentación y sueño. Ignorar el autocuidado puede provocar ansiedad y depresión, sobre todo en madres sin un sistema de apoyo. Es útil contar con apoyo cuando te preocupan las finanzas, un divorcio o una mudanza.

Ser una buena madre para tu hijo no significa que tengas que sacrificar tus necesidades para poder atender las de tu hijo. Se trata de encontrar el equilibrio perfecto entre tus necesidades y las de tu hijo. A veces, basta con tomarse un descanso para recargar las pilas.

Cuando tus necesidades individuales están cubiertas, te resulta más fácil mantener la calma en situaciones estresantes. Controlar los comportamientos desafiantes de tu hijo te resultará más fácil y tu paciencia aumentará. Podrás estar plenamente presente con ellos. Si cuidas de ti misma, estarás más tranquila. En definitiva, para ejercer una crianza tranquila, tienes que entender qué implica el autocuidado y ponerlo en práctica.

¿Reciben tus hijos la mejor versión de ti, o solo consigues estar físicamente presente con ellos? Si tu respuesta es la segunda, es hora de explorar qué puedes hacer para cuidar mejor de ti. En este capítulo, nos centramos en nosotras mismas y en lo que deberíamos hacer para ser personas menos enojadas.

Pero ¿qué es el autocuidado?

¿Ves el autocuidado como algo autoindulgente? Si es así, ahora es el momento de quitarte esa idea de la cabeza.

El autocuidado es *atender* tus necesidades físicas, sociales y emocionales. Implica cuidar de todo el cuerpo y dedicar tiempo a mantener tu bienestar general. Por el contrario, la autoindulgencia es cuando haces o te permites *en exceso* cosas que te gustan.

Muchas madres ven el autocuidado como autoindulgencia, pero es una idea equivocada. Lo que les viene a la mente a estas madres cuando piensan en el autocuidado suele ser una imagen de sí mismas tomando el sol, mirando las olas en la playa o sumergiéndose en un baño de burbujas y bebiendo champán. Desgraciadamente, suposiciones incorrectas como estas pueden disuadir a las madres de practicar el autocuidado, a pesar de que este, en su forma correcta, mejorará su bienestar emocional y físico.

La principal diferencia entre el autocuidado y la autoindulgencia es el resultado. Practicar el autocuidado tiene como resultado mantenerse sano y estar mejor que nunca. El resultado de la autoindulgencia suele ser evitar tareas importantes y perder el tiempo viendo la televisión. Todos sabemos que esto último no aportará soluciones reales a tu enojo.

Pero ¿cómo pueden las madres tener tiempo para sí mismas cuando hay que hacer las compras, lavar la ropa, bañar a los niños, preparar la comida y cumplir con sus apretadas agendas? ¿Cómo se puede sacar tiempo para el autocuidado cuando cada día parece una batalla?

Practicar el autocuidado con regularidad te aportará, con el tiempo, sentimientos positivos. La autoindulgencia afectará a tu salud a largo plazo a pesar de ser divertida al principio.

No es ninguna novedad que al tener hijos tendemos a centrarnos en ellos y apenas tenemos tiempo para nosotros. Hacer cosas tan sencillas como darse un baño, peinarse y ponerse un vestido y zapatos bonitos puede parecer un trabajo duro. Por no hablar de dedicar tiempo a otras actividades para mejorar tu salud profesional y social. Pero no olvides que cuidarte a diario significa cuidar no solo de ti, sino de los tuyos.

¿Te preguntas cómo puedes hacerlo?

Si ves el autocuidado desde el punto de vista adecuado, entenderás que dedicarte a ello no es egoísta, y que hacerlo a la larga ayuda a tus hijos y a otras personas de tu entorno. Cuando tienes tiempo para ti y descansas, puedes ser más paciente con tus hijos.

Por ejemplo, cuando tu hijo pequeño lloriquee a las 9:00 am, no te parecerá tan mal porque has dormido bien, te has tomado una taza de café caliente e incluso has desayunado de forma sana y equilibrada. En este caso, tienes un mayor nivel de paciencia, lo que te ayuda a manejar el estrés de las rabietas de tu hijo con mayor eficacia. Los berrinches no te resultarán abrumadores y tu día podrá continuar sin sobresaltos.

> Ten en cuenta que el autocuidado no te facilitará la crianza de un día para otro. No es como agitar una varita mágica y que todo se vuelva perfecto de inmediato. Sin embargo, practicar el autocuidado puede hacer que te resulte más fácil afrontar los retos que conlleva la crianza. Considera el dicho popular de que "no puedes dar de lo que no tienes". Si no te queda energía, ¿cómo vas a cuidar de los demás?

Lista de pasos para un autocuidado excelente

Para introducir cambios significativos en tu vida y dejar atrás esas tendencias de descuido de uno mismo, he creado una lista para llevar control del autocuidado que puedes utilizar como parte de tu viaje de descubrimiento.

1. ¿Duermes lo suficiente?

La crianza puede ser tan abrumadora que dormir bien por la noche deja de ser una prioridad. Aunque convertirse en madre es una de las cosas más maravillosas que se pueden experimentar, puede repercutir en el bienestar y la salud, e incluso interferir en el sueño. Los padres deben comprender que la falta de sueño puede causar:

- Ansiedad
- Depresión
- Hipertensión arterial
- Obesidad
- Disminución de la función cerebral
- Infartos de miocardio

La falta de sueño también puede desencadenar y empeorar los síntomas de la depresión posparto.

Si quieres disfrutar de una crianza tranquila, a veces es necesario programar horas de siesta. Las siestas ayudan a descansar a madres agotadas. Dormir bien es más importante que recoger los bloques de construcción de tus hijos en el salón. De vez en cuando, olvídate de que tu casa está hecha un desastre. Sáltate las pequeñas tareas de ese día y descansa en su lugar. Nunca se insistirá lo suficiente en esto. Si te enfermas, no tendrás energía para hacer las tareas de todos modos. Así que, ¿por qué no dejarlo estar y descansar?

Dormir las horas adecuadas sanará tu cuerpo y tu mente, reducirá tu fatiga y te llenará de energía. Podrás afrontar los retos del día sin sentirte abrumada. A veces, es tan sencillo como dejar de hacer lo que estás haciendo y recostarte. Duerme más cuando tus hijos duerman.

Estas horas de descanso también son para ti y no solo para los niños. Tus hijos te apreciarán más si no estás de mal humor. Lleva a tus hijos a la cama temprano, y acuéstate inmediatamente después de que ellos lo hagan.

2. ¿Haces ejercicio?

¿Qué sería de tu familia si tu o tu pareja estuvieran siempre estresados, cansados, abrumados, frustrados y enojados? Como madres, nuestra salud emocional y física afecta indirectamente a todos los que nos rodean, por lo que es importante practicar el autocuidado.

Sin duda, crear el tiempo y tener la energía para hacer ejercicio puede parecer desalentador, sobre todo cuando tienes que hacer frente a las necesidades de todo el mundo. Pero unos simples 10 o 20 minutos diarios de ejercicio te proporcionarán beneficios asombrosos como mejorar tu estado de ánimo y tu energía, y tu rendimiento cognitivo. Te protegerán contra enfermedades crónicas, mejorarán tu calidad del sueño, te darán más confianza en ti mismo y reducirán tu ansiedad o depresión. Además, ¡hacer ejercicio puede ser divertido!

Yo solía sentirme muy cansada por ser una "buena" madre hasta que empecé a levantarme temprano por la mañana para hacer ejercicio. No lo hacía porque me gustara hacer planchas o yoga a las 6:00 am, sino porque sabía que, cuando terminara y me diera una ducha, me sentiría recargada. Me sentiría con más energía para afrontar el día que tenía por delante. El ejercicio me hacía fluir la sangre y la ducha me quitaba las preocupaciones del día anterior.

Este hábito supuso un cambio radical en mi vida. De repente, podía empezar el día llena de energía, fuerza, paciencia y menos enojo. También me di cuenta de que fijar pequeños objetivos de ejercicio y cumplirlos me producía un sentimiento especial de orgullo.

El ejercicio también te permite acceder a una gran red de apoyo en la que conectas socialmente con la gente. Tomando clases de baile, practicando yoga, tai chi, pilates o zumba, o simplemente yendo al gimnasio, puedes conocer a otras personas con tus mismos objetivos deportivos.

3. ¿Haces muchas tareas a la vez?

Cuando piensas en alguien que hace muchas cosas en simultáneo, ¿qué te viene a la mente? ¿Te consideras muy eficiente porque puedes cocinar, limpiar y hacer otras tareas domésticas a la vez? Pues bien, lo que estás haciendo no es realizar varias tareas a la vez, sino cambiar de tarea constantemente. Al exigirle constantemente a tu cerebro que cambie de marcha, puedes agotarte fácilmente. Puede que al final del día apenas consigas nada.

No me malinterpretes. No estoy insinuando que hacer muchas cosas a la vez sea malo. Por supuesto, hay momentos en los que *debes* realizar varias tareas a la vez. Sin embargo, la multitarea, si se hace constantemente, puede afectar tu capacidad de crianza.

Equilibrar la carrera profesional y las tareas domésticas es un trabajo interminable. Implica hacer mandados, limpiar el baño, preparar la comida y ayudar a tus hijos con los deberes. No eres una máquina, y la multitarea puede estresarte porque te agotas haciéndolo todo.

Como he dicho antes, no pasa nada por dejar los juguetes de tus hijos en el suelo de la sala mientras te centras en hacer cosas más urgentes. No pasa nada por pedir comida a domicilio unas cuantas veces a la semana. No hace falta que te comportes como el mejor chef de todos los tiempos. Está bien que tu pareja te ayude a lavar ropa o con otras tareas domésticas cuando vuelva del trabajo. No hace falta que lo hagas todo tú.

Salva tu cordura priorizando y haciendo menos tareas si puedes. Hacer mucho simultáneamente puede afectar a tu cerebro y a tu cuerpo, te causa ansiedad y crea mayor propensión a los detonantes y a gritarle a tus hijos.

Cosas para pensar:

- ¿Qué cosas te causan mucho estrés?
- ¿En qué áreas puedes hacer cambios para tener más tiempo y energía para la crianza?
- ¿Qué estrategias de afrontamiento te funcionan?
- ¿Cómo puedes simplificar tu vida?

Sé la mejor versión que puedas ser cuidándote mental y físicamente. Descansa y prioriza.

Solo puedes dar lo mejor de ti cuando estás en tu mejor momento.

4. ¿Sabes trabajar en equipo?

Como la crianza de los hijos puede ser muy estresante, es importante buscar apoyo. No permitas que sea el trabajo de una sola persona. Si siempre estás discutiendo con tu pareja y no logran entenderse, será difícil que las cosas funcionen.

Las madres tienden a quejarse, agotarse, irritarse y estresarse por todas las tareas diarias. Si todas las tareas recaen en una sola persona, aumenta la ansiedad y la frustración de esa persona, lo que crea un ambiente infeliz en la casa.

¿Se parece esta conversación a tu situación?

Mamá: *"Nunca estás aquí. Apenas estás en casa. Y, cuando estás en casa, tu mente no está aquí. No ayudas en nada".*

Papá: *"Nunca aprecias lo que hago".*

Mamá: *"¿Qué dices? Pues tú tampoco aprecias todo mi trabajo duro".*

Conversaciones como esta pueden desembocar en discusiones acaloradas que no servirán para hacer las tareas ni cambiar la situación. Para lograr una crianza pacífica, no hay que dejar que una sola persona lo haga todo. El trabajo en equipo es fundamental. Si tienes una buena pareja a quien quieres y comprendes, se reducirán las posibilidades de que te enojes.

Asegúrate de que haya una comunicación clara y consistente. Si quieres que tu pareja te eche una mano, no des por sentado que sabe lo que tiene que hacer. Dile lo que te gustaría que hiciera. Por ejemplo, haz una lista de las cosas que hay que hacer (lavar la ropa, fregar los platos, limpiar, cocinar, bañar al niño, hacer las compras, etc.) y quién las hará.

Si tú y tu pareja tienen una buena relación, esto no debería ser difícil. Prioriza el tiempo que pasan juntos. Incluso en medio del caos, tienen que estar presentes el uno para el otro.

Cosas para pensar:

- ¿Eres comprensiva con tu pareja?

- ¿Pasas tiempo con tu pareja por las tardes o los fines de semana?

- ¿Cuál es tu tono de voz al hablar?

- ¿Pierdes la calma o te enojas con tu pareja cuando no hace algo que le has pedido?

- ¿Crees que eres un una buena pareja?

Descubrirás que la crianza de los hijos resulta más fácil cuando te dedicas tiempo. Sé consciente de tus emociones y atiende tus necesidades cuando notes que tu nivel de energía es bajo. Practicar el autocuidado no solo te ayuda a ti, sino a toda tu familia.

CAPÍTULO 12

RUTINA PARA MADRES MENOS ENOJADAS

"Es humano estar enojado, pero infantil ser controlado por el enojo". - Mokokoma Mokhonoana

Cuando te enfrentas a la ira, tienes algunas opciones. Quizá quieras aprender cómo evitar enojarte antes de que vaya a más. Tal vez quieras evitar que tu ira se vuelva incontrolable, o aprender a mantener la calma y simplemente enojarte menos. Afortunadamente, hay rutinas que puedes seguir para mantener la calma.

Todos sabemos que un exceso de ira puede ser peligroso para la salud. Las emociones intensas pueden ser difíciles de manejar. Evita estos sentimientos exagerados empezando bien el día con las rutinas para madres menos enojadas que se comparten en este capítulo.

Aunque no tengo todas las respuestas para que te conviertas en una madre menos enojada, sé lo que me ha funcionado a mí cuando he criado a una familia numerosa. Una cosa que debes tener siempre presente es que a la única persona que puedes controlar es a ti. Por lo tanto, primero tienes que estar en calma contigo para mantenerte en la cima de este juego de crianza, independientemente de lo que suceda a tu alrededor.

Si quieres dejar de gritar y controlar mejor tu ira cada día, tienes que crear rutinas saludables. Estas rutinas pueden ayudarte a ti y a tus hijos a mantener un estado de ánimo positivo y evitar que se alteren. ¡Estas rutinas te prepararán para el éxito durante el resto del día!

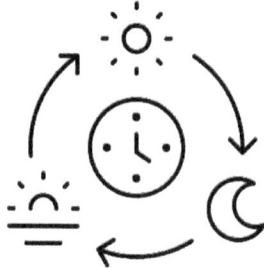

Rutina matutina

¿Has oído hablar el dicho: *"Un buen día empieza con un buen comienzo"?* Por simple que parezca, encierra una gran verdad. Aunque no lo admitamos, muchos de nosotros sabemos que nuestro día suele ir mejor después de haber disfrutado de una buena mañana.

Tal vez ya tengas una rutina matutina para ti y tus hijos. Aun así, te ves arrastrado en diferentes direcciones. La mañana pasa volando y de repente te preguntas por qué te has cansado tanto a pesar de no haber conseguido gran cosa. Por supuesto, esta situación puede hacer que cualquier madre se sienta ansiosa. Esto afecta tu estado de ánimo durante el resto del día.

Por este motivo, la forma de empezar el día es fundamental. Necesitas estas rutinas para marcar el tono del resto del día. Así que, aunque crear una rutina matutina para mamás y papás pueda parecer imposible y abrumador, se puede hacer. Si yo puedo hacerlo, tú también puedes.

Muchas madres comparten esta lucha. A los pocos minutos de salir de la habitación, las madres ven que sus hijos quieren desayunar, necesitan que les cambien el pañal, prefieren el vaso del otro hermano para tomar la leche, se pelean entre ellos y no encuentran la ropa del colegio.

Nadie quiere empezar el día así, así que ¿qué puedes hacer? Aquí tienes algunos hábitos eficaces que puedes poner en marcha ya mismo para que el resto del día resulte más tranquilo.

1. Descansa bien la noche anterior

Esto es lo primero de la lista porque tu rutina "matutina" debería empezar la noche anterior. Si no te acuestas temprano, ¿cómo esperas levantarte y tener un día productivo? Por ejemplo, si te acuestas tarde, a las 3:00 am y tienes que levantarte a las 7:00 am, es imposible que hayas descansado lo suficiente para empezar bien el día. Tus emociones estarán a flor de piel y cualquier cosa podrá detonarte.

Ya hemos hablado de por qué necesitas descansar en el último capítulo. Nunca insistiré lo suficiente en su importancia. Descansa la noche anterior para recargar las pilas para el nuevo día.

2. Planifica qué harás el día siguiente

Es útil tener un plan para el día siguiente. Planifica lo que vas a hacer durante el día y cúmplelo. Un día sin un plan es como una batalla cuesta arriba. El día pasa, pero tú sigues pensando en lo que tienes que hacer.

Planificar la mañana (y el resto del día) significa presupuestar bien el tiempo. Este paso te ayuda a evitar llegar al final del día y darte cuenta de que has perdido el tiempo. Del mismo modo, cuando planificas la noche anterior, liberas tu cerebro para el día siguiente.

Ten en cuenta que no estoy diciendo que debas seguir un cronograma estricto e inamovible. ¿Es eso posible? (Lo dudo). En lugar de eso, sé flexible. Por eso hablamos de rutinas y no de horarios. Las rutinas son flexibles. Tienes que decidir qué quieres hacer todos los días de la misma manera y qué tareas cambiarán cada día.

3. Despierta con optimismo

La crianza puede ser agobiante, sobre todo cuando no se cumplen nuestras expectativas. Nos resulta difícil tener una actitud positiva cada día. En cualquier caso, debes tener en cuenta que una mentalidad positiva te ayuda a centrarte y a prepararte para los retos del día.

Las afirmaciones positivas pueden ayudarte a fijar el tono del día que tienes por delante. Estas son algunas de las afirmaciones positivas que utilizo yo y que me han resultado muy útiles. Puedes leerlas en voz alta cada mañana antes de empezar el día:

- ✓ *Hoy seré más paciente con mis hijos.*
- ✓ *Hoy querré más a mis hijos. No gritaré ni chillaré.*

- ✓ *Hoy haré todo lo posible por centrarme en mí y no en mis hijos.*

- ✓ *El problema soy yo y no mis hijos.*

- ✓ *Hoy, vigilaré mis pensamientos, mi comportamiento y mi lenguaje.*

- ✓ *Puedo convertirme en una mejor mamá, y sé que lo haré.*

- ✓ *Sé que gritar o chillar no es una solución.*

- ✓ *Sé que estoy criando a un pequeño y hermoso ser humano. Elijo vivir el momento presente con mi hijo.*

Para ayudarte a adoptar la mentalidad adecuada, también puedes plantearte poner límites a tu tiempo en las redes sociales. Mi teléfono tiene una función que me permite desactivar aplicaciones o silenciarlas antes de cierta hora del día. Por ejemplo, algunas aplicaciones están desactivadas durante los primeros 20 minutos de mi día. Aunque este plazo parece corto, es suficiente para evitar que navegue por Facebook u otras redes sociales a primera hora de la mañana.

4. Vístete (no te quedes de pijama todo el día)

Muchas mamás han descuidado esta rutina a pesar de que la higiene básica y tener buen aspecto eran una prioridad antes de tener un bebé. Incluye, como mínimo, una sencilla rutina de higiene básica en tu rutina matutina pase lo que pase.

¿Qué significa para ti la higiene básica? Para mí, incluye ducharme, cepillarme los dientes, tomar cualquier suplemento o medicación que deba tomar, peinarme y arreglarme.

El aspecto de arreglarse es muy importante para mí porque la forma de vestir puede afectar tu estado de ánimo. Según la Dra. Karen Pine en su estudio de 2021 de la Universidad de Hertfordshire: *"La ropa no solo influye en los demás, sino que refleja e influye tu estado de ánimo"*.

Algunas mamás se deshacen de sus vestidos sexis, pantalones ajustados y tacos altos, y optan siempre por llevar pantalones holgados para yoga, camisetas y chanclas. No me malinterpretes. No estoy sugiriendo que no uses estas prendas. Solo te aconsejo que te vistas con plena conciencia para cada día. Si vestirte con ropa atractiva te hace sentir y actuar lo mejor posible, ¡vístete así! Si piensas salir a pasear con tus hijos o sola, vístete para la ocasión.

Es probable que en algún momento tu atuendo te haya impedido hacer algo divertido porque no querías (o no tenías tiempo) de cambiarte de ropa. Así que, ¿por qué no empezar **bien** el día llevando la ropa **adecuada?** Piensa en tu día antes de elegir la ropa.

5. Desayuna saludablemente

Las madres deciden cómo empezará el día para todos. Es importante hacerlo con un desayuno sano y nutritivo. Aunque muchas de nosotras conocemos este consejo, no siempre lo aplicamos. Durante las prisas de la mañana, elegimos opciones poco saludables como alimentos procesados o incluso nos saltamos el desayuno por comodidad.

Incluso durante las mañanas ajetreadas, recuerda que los alimentos que ingieres pueden afectar tu rendimiento a lo largo del día. Si comes poco y con azúcar ni bien comienza el día, verás cómo tus niveles de energía disminuyen a medida que avanza la jornada. Así que deja de lado las donas o las sobras de pizza y tómate tu tiempo para preparar algo sabroso que te ponga de buen humor. Una comida equilibrada puede mantenerte con energía a lo largo del día y controlar tu estado de ánimo.

La forma en que tratas a tu cuerpo determina a menudo la forma en que tus hijos tratarán también al suyo. Por supuesto, hay días en los que no te apetece comer bien. Simplemente no te importa. ¿Qué tal si lo haces por los preciosos pequeños que te miran? Serás recompensado con el buen humor de tu hogar.

Rutina para acostarse

Una buena rutina para ir a dormir también es esencial. A la hora de crear una rutina nocturna, tanto si trabajas fuera como si te quedas en casa, asegúrate de que sea flexible y razonable. Que sea sencilla. No se trata de cumplir un horario, sino de seguir una rutina.

He aquí un ejemplo de rutina para acostarse:

- ✓ **8:00 - 8:30 p.m.** Los niños deben lavarse los dientes, tomar un baño, ponerse el pijama, escuchar un cuento antes de dormir durante 10-20 minutos y luego apagar las luces (esto variará según su edad).

- ✓ **8:30 p.m.** Los padres pueden ver o escuchar algo relajante mientras toman una taza de té o navegan por las redes sociales. Esto puede extenderse entre 30 minutos y una hora, según su estado de ánimo.

- ✓ **9:00 p.m.** ¡Es hora de cuidarse! Los padres pueden seguir su rutina nocturna de cuidado de la piel, cepillarse los dientes y disfrutar de un largo baño.

- ✓ **9:30 p.m.** Los padres se van la cama y disponen de unos 30 minutos para charlar con su pareja o leer un libro.

- ✓ **10:00 p.m.** ¡Este es el momento de descansar, dormir y reponer fuerzas para la mañana siguiente!

A pesar de disponer de la misma cantidad de horas todos los días, una rutina nocturna puede hacer que te sientas con más energía, con menos ansiedad y más feliz y que tu día esté mejor estructurado. Eso es bueno para todos. Si sigues una rutina, tendrás tiempo para las tareas sin tener que gritarles a tus hijos. Asegúrate de ser coherente con tu rutina. Haz que tus hijos la cumplan y se acostumbrarán con el tiempo.

Siempre que tengas ganas de desviarte de tu rutina, recuérdate por qué la tienes: para gestionar mejor tus emociones. No tendrás que gritarle ni chillarle a tu hijo.

Frases célebres para madres en momentos difíciles

Aquí comparto frases célebres poderosas sobre la crianza de los hijos. Son formas seguras de superar los momentos difíciles y aliviar el estrés de la crianza. Te ayudarán a mantener a raya la ira y te permitirán disfrutar de la crianza de tu pequeño.

Si tu hijo no quiere aceptar límites

Saber qué hacer cuando tu hijo se niega a aceptar límites es difícil. Requiere paciencia, pero todo mejorará. Sin embargo, si sientes que estás en medio de una batalla interminable, las siguientes citas pueden tranquilizarte:

- ✓ *"Si nunca fuiste odiado por tus hijos, nunca fuiste padre"*. - Bette Davis.

- *"Cualquier niño en su sano juicio pondrá a prueba los límites que le impongas. Ese es su trabajo. Al fin y al cabo, acaba de llegar al planeta y está aprendiendo las reglas. La razón más común por la que los niños ponen a prueba los límites es que realmente quieren averiguar dónde están esos límites".* - Dra. Laura Markham.

Si te sientes perdido

A veces sentirás que te estancaste, experimentando constantemente días malos. Puede que sientas que no estás creando el mejor estilo de vida para ti y para tus hijos. Tal vez no sepas cómo salir de este atolladero o empezar de nuevo. Las siguientes citas son lecciones valiosas para cuando te sientes abrumada. Te animan a dar el primer paso, aunque sea muy pequeño.

- *"Si no puedes volar, corre. Si no puedes correr, camina. Si no puedes caminar, arrástrate, pero, sea como sea, no dejes de moverte".* – Martin Luther King Jr.

- *"Para mover una montaña, hay que empezar por cargar unos pocos pedruscos".* – Confucio.

- *"Si te sientes estancado, prueba hacer algo distinto. Elige tan solo un cambio mínimo".* – Dra. Lucy Russell.

- *"No dejes que los muggles te depriman".* – J. K. Rowling.

- *"Haz lo que puedas, con lo que tengas, en donde estés".* – Theodore Roosevelt.

Si te sientes abrumado

En la crianza, a veces nos sentimos abrumadas por las pequeñas tareas cotidianas y olvidamos el panorama general. Las siguientes citas te recordarán el "por qué" de la crianza.

- ✓ *"Deja que tus hijos sean niños. Solo lo serán por poco tiempo".* – Anónimo.

- ✓ *"Nos enfadamos con nuestros hijos, pero solo hasta que crecen y se van del hogar".* – Michael Stutman.

- ✓ *"Recuerda que no estás tolerando una molestia. Estás criando a un ser humano".* – Kittie Franz.

- ✓ *"Un bebé hará que el amor sea más fuerte, los días más cortos, las noches más largas, la cuenta bancaria más pequeña, el hogar más feliz, la ropa más raída, el pasado algo olvidado y el futuro algo digno de vivir".* – Pablo Picasso.

- ✓ *"Ten paciencia. Todas las cosas son difíciles antes de hacerse fáciles".* – Saadi.

Cuando se ven inmersos en sus tareas cotidianas, muchos padres olvidan a menudo que los niños crecen deprisa y que solo son jóvenes durante un periodo limitado. Aprovecha cada momento que pases con ellos. Piensa en cómo quieres que tu hijo te recuerde y actúa en consecuencia.

Tus hijos te observan y quieren ser como tú: te admiran. Las rutinas que te impongas son buenas tanto para tu cuerpo como para tu mente. Te pondrán de buen humor y mantendrán a raya la ira, haciendo que los sentimientos intensos sean más manejables.

LIVE
LOVE
LAUGH

CONCLUSIÓN

¡Bien hecho!

Has llegado al final de este viaje que te ha cambiado la vida, y debo aplaudirte por haberte quedado conmigo hasta el final. Espero que el viaje haya sido tan emocionante para ti como lo fue para mí. Pero, antes de irme, tengo unas palabras para ti.

Sin duda, la crianza de los hijos puede ser todo un reto para madres y padres por igual. Los niños pueden actuar de forma impredecible, malhumorada y temeraria, lo que hace que las madres luchen con sus propios problemas de ira. Si te encuentras en esta situación, debes saber que no estás sola. Muchos padres y madres también tienen problemas de ira.

La idea de que algunas de tus amigas luchen con la crianza de sus hijos puede parecerte absurda porque siempre has admirado el tipo de vínculo que tus amigos comparten con sus hijos. Seguro que alguna vez has deseado que fuera tan fácil para ti. Pero, la verdad, es que todo el mundo pone siempre su mejor cara cuando está en público con sus hijos. Pero en casa la situación es totalmente distinta. Las emociones pueden llegar a ser abrumadoras cuando no necesitan poner una cara feliz para los demás.

Incluso a las madres más cariñosas y pacientes les cuesta controlar sus emociones y mantener la calma. Así que ¡ánimo! No hace falta que te martirices por ello, sobre todo cuando ahora tienes una salida. Aunque sea duro, a muchas nos pasa lo mismo.

Enfrentarse a los problemas de ira no es fácil; ojalá lo fuera. Las malas emociones que conlleva pueden hacernos sentir como un monstruo, sobre todo cuando nos sentimos culpables por cómo hemos tratado a nuestros hijos.

En este libro se han tratado diferentes estrategias para afrontar la ira y se ha hablado sobre cómo mantener la calma. Para aprender a controlar la ira, primero tienes que aceptar que puedes ser una madre enojada. Todo el mundo tiene ese potencial. También tienes que centrarte en cambiar tú y no los niños. Tú eres el problema, no ellos.

También tenemos que entender que, a pesar de que la ira es una emoción que todos sentimos, esta afecta negativamente a nuestros hijos cuando la expresamos de forma equivocada. Muchos padres no son conscientes de que su enojo puede afectar tan negativamente a sus hijos, pero es así. Para comunicar o corregir a tu hijo no hace falta gritarle, pegarle o enojarse.

Entiendo que la crianza es difícil para ti, y que estás pasando por momentos difíciles mientras te enfrentas a tus emociones y a tus hijos. Sin embargo, gritar y menospreciar a tu hijo solo te agotará, haciendo más difícil que puedas afrontar los problemas que se te plantean. En lugar de etiquetarte con palabras negativas, empieza a acoger palabras positivas en tu vida. Al final verás que eres una gran madre y que hay margen para el cambio.

Ser una madre enojada no define quién eres. Aún estás a tiempo de cambiar. Aunque hayas cometido errores y hecho cosas de las que te arrepientas, puedes dejar atrás el pasado haciendo las cosas bien a partir de ahora. Considera la posibilidad de pedir disculpas a los afectados por tus actos y utiliza lo que has aprendido hasta ahora para controlar tus acciones.

Siempre que sientas emociones intensas, detente y reflexiona sobre el último incidente que te hizo enojar. Piensa en cómo podrías haber manejado la situación de otra manera. Después, piensa qué puedes hacer ahora para cambiar tu forma de reaccionar en el futuro. Tu hoy no tiene por qué ser como ayer. Cada día es una nueva oportunidad.

Mientras sigas dándole cariño a tu pequeño, recuerda que no existe tal cosa como la crianza perfecta. Todos cometemos errores. Los niños no necesitan héroes. Necesitan madres cariñosas que los guíen y apoyen cuando lo necesitan. No necesitas preocuparte por cómo lo hacen todos los que te rodean. Céntrate en ti.

El camino puede ser un poco duro. Espera desafíos, pero el viaje valdrá la pena. Con tus nuevos conocimientos, podrás identificar formas de gestionar tus sentimientos y encontrar más felicidad y paz en tu hogar.

¡Disfruta el viaje!

If any part made you reflect, gave you encouragement, or changed something about the way you show up as a mom or dad… I'd love to hear it. Your words matter- not just to me, but to someone else who might need to read exactly that.

If it feels right, leave a review. Thank you for being part of this journey. I truly appreciate your support.

REFERENCIAS

What are parenting triggers? (Marzo de 2021). Extraído de https://www.todaysparent.com/family/parenting/parenting-triggers/

Dr.Jenkins, Paul (Julio de 2020). How to StopYellingatYourKids. Extraído de https://www.youtube.com/watch?v=YMXrdTwRdZs&t=91s

Runkel, Hal Edward. Scremfree Parenting (s.f.). Parenting is not about Kids, it's about parents.

Glembocki, V. (Enero de 2022). How to Stop Yelling at Your Kids— and What to Do Instead. Extraído de https://www.parents.com/parenting/better-parenting/advice/how-to-quit-yelling-at-your-kids/

Li, P. (Octubre de 2022). Discipline vs Punishment: The Difference In Child Development. Extraído de https://www.parentingforbrain.com/discipline-vs-punishment/

Morin, A. (Enero de 2021). Role Model the Behavior You Want to See From Your Kids. Extraído de https://www.verywellfamily.com/role-model-the-behavior-you-want-to-see-from-your-kids-1094785

Li, P. (Octubre de 2022). How To Get Kids To Listen. Extraído de https://www.parentingforbrain.com/how-to-get-kids-to-listen/

Samak, Yasser Abdelazim Abdelmawgoud. (Septiembre de 2016) What happens when you're an angry parent? Extraído de https://valley-international.net/index.php/theijsshi/article/view/568

Brown, Nancy A. (s.f). Why do children misbehave? Extraído de http://denton.agrilife.org/files/2011/09/behaviorproblemsinchildren_1.pdf

Roberts, Lindsey. (Enero de 2017). Why self-care is import- ant? Extraído de https://www.washingtonpost.com/lifestyle/on-parenting/in-defense-of-a-parents-day-off/2017/01/23/270ffafc-d8 f2-11e6-b8b2-cb5164beba6b_story.html

www.ingramcontent.com/pod-product-compliance
Lightning Source LLC
Chambersburg PA
CBHW020248010526
44107CB00002B/151